Hanspeter Ruch

FREIER KOPF – OFFENES HERZ

vianova
Verlag Via Nova

Hanspeter Ruch

FREIER KOPF ~ OFFENES HERZ

Im Fluss der Lebensenergie Klarheit, Freude und Frieden erfahren

vianova
Verlag Via Nova

1. Auflage 2013
Verlag Via Nova, Alte Landstr. 12, 36100 Petersberg
Telefon: (06 61) 6 29 73
Fax: (06 61) 96 79 560
E-Mail: info@verlag-vianova.de
Internet: www.verlag-vianova.de / www.transpersonale.de
Umschlaggestaltung: Guter Punkt, München
Satz: Sebastian Carl, Amerang
Druck und Verarbeitung: Appel & Klinger, 96277 Schneckenlohe

ISBN 978-3-86616-265-5

DANKSAGUNG

Mein Dank gilt all den kleinen und großen Menschen, denen ich begegnet bin und die mich berührt haben. Sie haben mir geholfen, mich zu öffnen und meinen Blick nach innen zu richten. Dadurch war es mir möglich, die Vielschichtigkeit und Tiefe des Lebens zu ergründen und die Bedeutung des Herzen zu erkennen. Ein großes Dankeschön geht an Maja Dahinden. Mit Umsicht und großem Engagement hat sie das Manuskript durchgelesen und mir wertvolle Hinweise und wichtige Anregungen gegeben. Und nicht zuletzt möchte ich mich bei Herrn Vogel vom Via Nova Verlag für das entgegengebrachte Vertrauen und die Unterstützung bedanken.

INHALT

~

Einleitung 11

1 ~ VOLLER KOPF 13
Normalzustand voller Kopf 19
  Auswirkungen eines vollen Kopfes 20
  Ruhelosigkeit und Angetriebensein 20
  Stress und Anspannung 21
  Verwirrung und Unkonzentriertheit 22
  Müdigkeit und Kraftlosigkeit 23
  Sorgen und Ängste 23
  Unzufriedenheit und Unglücklichsein 24
  Leben in Vergessenheit 25
Denkanstöße 26
Eigene Erfahrungen 26

2 ~ KLEINE WELT 29
Der innere Lebensraum 34
Denkanstöße 35
Grenzen und Enge 35
Denkanstöße 37
Eigene Erfahrungen 37

3 ~ UNSTILLBARE SEHNSUCHT 41
Merkmale der unstillbaren Sehnsucht 46
Denkanstöße 48
Eigene Erfahrungen 48

4 ~ DIE KRAFT DES HERZENS 51
Wie sich das Herz Gehör verschafft 56
Denkanstöße 58
Eigene Erfahrungen 59
Übung 62

5 ~ DAS LEBEN NEU AUSRICHTEN 63
Irritationen, Stimmungsschwankungen,
Spannungen, Schwierigkeiten 68
Neuausrichtung: den denkenden Geist zähmen 70
Denkanstöße 71
Eigene Erfahrungen 72

6 ~ DEN KOPF LEEREN 75
Freier Kopf – Auf die Haltung kommt es an 81
    Offenheit und Weite 82
    Übung 83
    Festhalten und Abwehren 84
    Übung 86
    Nichts als Erscheinungen 86
    Übung 88
    Alles annehmen, alles würdigen 88
    Übung 89
Eigene Erfahrungen 90

7 ~ DAS HERZ ÖFFNEN 91
Das Herz einladen und zum Leben erwecken 96
Denkanstöße 97
Übung 98
Das Herz erwacht 99
    Energie 99
    Mitgefühl 100
    Transparenz 100
    Weisheit 101

Frieden ... 102
Leerheit ... 102
Liebe ... 103
Dranbleiben! ... 104
Eigene Erfahrungen ... 105

EINLEITUNG

Wenn der Kopf voll ist, sind wir verwirrt und angespannt. Der Lebensraum ist eng und die Welt klein. Das Herz ist zugeschüttet und die Liebesenergien, die so wichtig für die Gesundheit und das Wohlbefinden sind, fließen nur spärlich. Wir fühlen uns getrieben und finden keine Ruhe. Die Sorgen und Ängste nehmen kein Ende und die Probleme hören nicht auf. Obwohl wir uns große Mühe geben, kriegen wir das Leben nicht auf die Reihe. Da es uns an Klarheit und Kraft fehlt, ist der Alltag anstrengend und werfen uns kleinste Störungen aus der Bahn.

Wenn der Kopf voll und der Zugang zum Herzen zugeschüttet ist, sind wir unsicher und fühlen uns heimatlos. Rastlos eilen wir durch den Tag, ständig auf der Suche nach etwas. Glauben wir das Vermisste gefunden zu haben, ist das Glück nur von kurzer Dauer. Um uns zu trösten, kaufen wir uns Designerkleider, und um uns zu beruhigen, träumen wir von einer besseren Welt. Obwohl wir in einer schönen Wohnung leben und uns viele Annehmlichkeiten leisten können, ist der Hunger nach dem Leben unstillbar und hören die Sehnsüchte nicht auf. Was wir wirklich brauchen, können wir nicht mehr sagen, und was uns für ein erfülltes, glückliches Leben fehlt, haben wir längst vergessen.

Wenn der Kopf frei ist, sind wir hellwach und klar. In uns ist es weit und die Welt ist freundlich. Das Herz steht offen und entfaltet seine ganze Kraft. Die Lebensenergien fließen und tragen uns sicher durch den Alltag. Schwierigkeiten bewältigen wir mit Leichtigkeit und mit Herausforderungen gehen wir geschickt um. Wenn der Kopf frei und das Herz offen sind, ruhen wir in uns selber. Wir erfahren Frieden und Stille und sind in uns zu Hause. Uns fehlt nichts und wir vermissen nichts.

Wenn es uns ernst ist mit einem erfüllten, glücklichen Leben, müssen wir den Kopf leeren und das Herz öffnen. Das Herz ist nichts Romantisches, Mysteriöses, Abgehobenes oder Esoterisches. Das Herz ist unsere Bestimmung und unsere Heimat. Das Herz ist die Quelle, die alles beinhaltet, alles umfasst und aus der alles entspringt. Mit der Ausrichtung auf das Herz entziehen wir dem denkenden Geist, der Instanz, die permanent spricht, alles kommentiert und uns nicht zur Ruhe kommen lässt, Energie. Dieser verliert an Macht und sein Einfluss schwindet. Das Zweifeln, Misstrauen, Grübeln, Sichsorgen und Hadern, die so viele Probleme verursachen und uns immer wieder in die Irre führen, nehmen ab. Im Kopf wird es ruhiger und wir beginnen zu entspannen. Der Schleier, der uns vergessen lässt, wer wir sind, lichtet sich. Das Herz, das zugeschüttet gewesen war und das wir nicht mehr spüren konnten, tritt hervor und entfaltet seine ganze Kraft.

Das Leeren des Kopfes, das Zähmen des denkenden Geistes und das Öffnen des Herzens ist der Schlüssel zu allem. Durch die Ausrichtung auf die innere Quelle wird der denkende Geist, auch Ich oder Ego genannt, schwächer und beginnt sich der Kopf zu leeren. Wir sind klarer und wacher. Gleichzeitig wachsen die Lebensenergien an und wird das Mitgefühl stärker. Die Stille nimmt zu und der Frieden wird größer. Die Hoffnung auf eine bessere Zukunft erlischt und das Suchen nach einem anderen Leben hört auf. Mit dem Herzen im Mittelpunkt erkennen wir, dass es nichts zu suchen und nichts zu finden gibt und wir dort sind, wo wir schon immer waren und immer sein werden: in uns zuhause.

Dieses Buch möchte die Lesenden herausfordern, Grenzen zu überschreiten und den Lebensraum zu öffnen. Dieses Buch möchte die Lesenden einladen, das Potential, das wir in uns tragen, zu entdecken und die Lebensenergien zu erwecken. Dieses Buch möchte die Lesenden ermutigen, Beengendes abzulegen und aus vollem Herzen zu leben. Die verschiedenen Denkanstöße dienen als Anregungen und die Übungen helfen, das Gelesene im Alltag umzusetzen.

1

~

VOLLER KOPF

Mit dem Abschluss der Ausbildung zum Ingenieur und der Anstellung in einer international tätigen Firma der Maschinenbaubranche erreichte Michael ein ganz wichtiges, lange ersehntes Ziel. Er stand auf eigenen Beinen und hatte die Möglichkeit, seine eigenen Ideen verwirklichen zu können. Die Anstellung war für Michael auch eine Entlastung. Zum einen hörte die finanzielle Abhängigkeit zu seinen Eltern auf. Zum anderen erfüllte er die hohen Erwartungen, die diese in ihn als ältesten Sohn gesetzt hatten. Obwohl ihm bewusst war, dass die Anforderungen seitens der Firma groß waren und er viel leisten musste, blickte Michael voller Zuversicht in die Zukunft.

Michael nahm sich eine eigene Wohnung in der Altstadt und richtete diese gemütlich ein. Die Freizeit verbrachte er mit Sport, Kinobesuchen und seinen Freunden, die er von der Studienzeit her kannte. Während eines Ausfluges in die Berge lernte Michael Brigitte kennen. Brigitte war Pflegefachfrau und arbeitete in einem Spital. Sie verliebten sich ineinander und wurden ein Paar. Vier Monate später zog Brigitte bei Michael ein. Michael und Brigitte verbrachten viel Zeit miteinander. Es entwickelte sich eine tiefe und feste Beziehung. Da beide gerne reisten und fremde Kulturen sie faszinierten, waren sie in den Ferien viel unterwegs und erkundeten entlegene Orte der Welt.

Drei Jahre waren sie zusammen, als Brigitte schwanger wurde. Obwohl die Schwangerschaft nicht geplant war, war diese für beide eine freudige Überraschung. Mit Geschwistern aufgewachsen, gehörten für sie Kinder zu einer intakten Familie. An Heirat hatten sie bisher nicht gedacht. Nun, als das Kind unterwegs war, entschieden sie sich, vor der Geburt zu heiraten. Ursprünglich hatte Brigitte geplant, ihre Arbeitsstelle beizubehalten und eine Kinderpause einzulegen. Mit dem Heranwachsen des Kindes in ihrem Bauch änderte sich für sie die Situation. Da Brigitte Zeit haben und ganz für das Kind da sein wollte, kündigte sie die Stelle.

Die Geburt von Dominique war für beide ein tiefes und ergreifendes Ereignis. Michael, dem es nicht leicht fiel, seine Gefühle zu zeigen, war vollständig überwältigt. Er konnte seine Tränen der Erleichterung und Freude nicht zurückhalten, als er Dominique in seinen Armen hielt. Dominique war ein aufgewecktes Baby. Sie entwickelte sich prächtig. Ihre fröhliche, unbeschwerte Art, ganz besonders ihr Strahlen, hatte auf alle eine ansteckende Wirkung. Obwohl die kleine Dominique im Zentrum stand und sie als junge Eltern immer wieder von neuem gefordert wurden, bereicherte das Zusammensein zu dritt den Alltag und entstand eine Nähe und Innigkeit, welche die Beziehung zwischen Michael und Brigitte vertiefte.

Michael war ein stolzer Vater. Er fühlte sich wohl in seiner neuen Rolle. Er war gerne zu Hause und genoss es, mit Brigitte und der kleinen Dominique Zeit zu verbringen. Obwohl es auch Spannungen gab und Michael und Brigitte nicht immer der gleichen Meinung waren, was die Kindererziehung betraf, hatten sie es gut miteinander. Neben der Familie beanspruchte Michael auch die Arbeit, die einen hohen Stellenwert einnahm. Als hoch motivierter Mitarbeiter, auf den Verlass war, wurde er von seinen Kollegen respektiert und als kompetenter Fachmann, der sich nicht scheute, Verantwortung zu übernehmen, von der Geschäftsleitung geschätzt.

Gute Freunde von Michael und Brigitte hatten die Gelegenheit, ein Zweifamilienhaus zu erwerben. Da sie nicht in der Lage waren, die ganze Lie-

genschaft zu kaufen, fragten sie Michael und Brigitte, ob sie eine Hälfte übernehmen wollten. Das Haus gefiel ihnen gut. Es lag an einer verkehrsarmen Straße, war geräumig und hatte einen großen Garten. Ohne lange zu zögern, sagten sie zu und erwarben die eine Hälfte der Liegenschaft. Michael, Brigitte und Dominique lebten sich gut ein und fühlten sich schnell wohl am neuen Ort. Ein Jahr, nachdem sie im Haus eingezogen waren, kam Lukas zur Welt. Michael freute sich riesig über seinen Sohn, denn insgeheim hatte er sich immer einen Jungen gewünscht.

Obwohl Michael gerne mit der Familie zusammen war, wurde dies für ihn zunehmend schwieriger. Die Firma, die ihren Tätigkeitsbereich ausbaute, beanspruchte ihn immer mehr. Michael musste viel arbeiten und kam abends meistens spät nach Hause. An den Wochenenden, die eigentlich für die Familie reserviert waren, war er häufig mit beruflichen Angelegenheiten beschäftigt. Mit der Expansion ins Ausland, einem für das Überleben der Firma wichtigen Schritt, wurde Michael in die Geschäftsleitung aufgenommen. Michael, der auf die Beförderung gehofft und mit dieser gerechnet hatte, freute sich riesig, als er sein neues Büro im obersten Stock des modernen Gebäudekomplexes beziehen konnte und fortan bei allen wichtigen Entscheidungen der Firma mit einbezogen wurde.

Doch sein großes berufliches Engagement kostete Kraft und die häufige Abwesenheit belastete die Beziehung und das familiäre Zusammensein. Nach einem langen Arbeitstag hatte Michael einen vollen Kopf und war müde. Obwohl er sich auf die Familie freute, fiel es ihm immer schwerer, sich einzubringen und am Geschehen teilzunehmen. Michael war oft gereizt und reagierte auf den Lärm der Kinder ungehalten. Er wollte abschalten und den Stress des Tages loslassen. Er wollte in Ruhe gelassen und nicht gestört werden.

Brigitte, die Michaels Veränderung mit Sorge beobachtete, begann sich darüber zu beklagen, dass sie sich alleine gelassen fühle und sie sich das Familienleben anders vorgestellt habe. Wenn sie über ihre Situation sprachen, gab es regelmäßig Streit. Michael, der versuchte, Brigitte zu beruhigen und mit der Vorstellung zu trösten, dass in Zukunft alles besser werden würde, fühlte sich von Brigitte angegriffen. Auf ihre Vorwürfe, er sei nicht anwesend und lasse sich nur halbherzig auf die Familie ein, reagierte er mit Wut und Rückzug. Brigitte, die Michael erreichen, nicht aber verletzen wollte, fühlte sich ihrerseits unverstanden und in ihrem Wunsch nach Kontakt und Nähe nicht wahrgenommen. Statt die Spannungen aufzulösen und die Konflikte auszuräumen, wurde die Distanz zwischen beiden größer und die emotionale Entfremdung tiefer.

Michael war nicht entgangen, dass sich an seiner Verfassung etwas geändert hatte und er nicht mehr derselbe war. Der Stress und die Hektik, denen er tagein, tagaus ausgesetzt war, hinterließen Spuren. Michael fühlte sich angespannt und war rastlos. Er hatte Mühe, abzuschalten und zur Ruhe zu kommen. Nachts wachte er häufig auf und konnte nicht mehr einschlafen. In seinem Kopf drehte sich alles um die Arbeit und die vielen Aufgaben, die er zu erledigen hatte. Michael versuchte sich zu beruhigen und das Denken abzuschalten, was ihm nicht gelang. An den Wochenenden, wenn der Druck nachließ, plagten ihn oft Kopfschmerzen, so dass er sich zurückziehen und hinlegen musste. Michael hatte Schuldgefühle und ein schlechtes Gewissen Brigitte und der Familie gegenüber. Statt sich mitzuteilen und über seine Gefühle zu sprechen, nahm sich Michael zusammen und schob alles Unangenehme auf die Seite. Er arrangierte sich mit der Situation und hoffte, dass alles von selber besser werden würde.

An Psychologie und Spiritualität interessiert, las Brigitte Bücher zu grundlegenden Lebensthemen und begann an Weiterbildungskursen teilzunehmen. In einem Kurs lernte sie René kennen. Von René, Journalist und alleinerziehender Vater, fühlte sich Brigitte verstanden und in ihrem Bedürfnis nach Austausch und Kontakt wahrgenommen. Sie genoss es, ein Gegenüber zu haben, das ihr zuhörte, auf sie einging und eine eigene Meinung zu den Themen hatte, die sie interessierte. Es dauerte nicht lange und es kam, wie es kommen musste: Brigitte und René verliebten sich ineinander.

Von der Liebe beflügelt, blühte Brigitte auf. In ihr begann eine Kraft zu erwachen, die sie schon lange nicht mehr gespürt hatte und die sie glaubte verloren zu haben. Brigitte, die weder die Beziehung zu Michael gefährden noch die Familie aufs Spiel setzen wollte, versuchte die Affäre zu verbergen und traf René heimlich. Geplagt von Schuldgefühlen und einer wachsenden inneren Zerrissenheit hielt sie diesen Zustand jedoch nicht lange aus. Obwohl es ihr schwerfiel, nahm sie allen Mut zusammen und erzählte Michael von der Beziehung zu René.

Als Michael von der Affäre seiner Frau erfuhr, spürte er einen stechenden Schmerz in seinem Herzen. Er wollte reagieren. Er wollte seine Erschütterung und seelische Not ausdrücken. Doch es ging nicht. Er hatte das seltsame Gefühl, in Watte eingepackt und von der Umwelt abgeschnitten zu sein. In der darauf folgenden Nacht, als er sich im Gästezimmer ins Bett legte, machte Michael kein Auge zu. Sein Körper war steif und kalt. Seine Atmung war oberflächlich und flach. In seinem Kopf arbeitete es wie wild. Ein negativer Gedanke folgte dem anderen und ein Horrorszenario dem nächsten.

Am darauffolgenden Morgen ging es Michael gar nicht gut. Er war durcheinander, fühlte sich traurig und der Kopf tat ihm weh. Er war froh, dass es endlich Tag war, er aufstehen konnte und das Drehen im Kopf etwas nachließ. Unfähig, unter diesen Umständen zur Arbeit zu gehen, meldete sich Michael krank. Nachdem er einen Kaffee getrunken und eine Kleinigkeit gegessen hatte, machte er einen Spaziergang.

Als Michael am Waldrand ankam, setzte er sich auf eine Bank. Jetzt erst realisierte er, wie verzweifelt und unglücklich er sich fühlte und wie sehr die Situation mit Brigitte ihn schmerzte. Michael begann zu weinen und wie ein kleines Kind zu schluchzen. Wie er so dasaß und von Gefühlen überwältigt wurde, begannen plötzlich Stationen aus seinem Leben aufzutauchen, die er längst vergessen hatte. Er sah sich als kleines Kind in der Familie, als Junge in der Schule und als pubertierender Knabe. Während diese Bilder kamen und gingen, wurde ihm bewusst, wie oft er sich alleine gelassen gefühlt und wie sehr er sich nach Geborgenheit und Liebe gesehnt hatte. In seiner Familie herrschte ein kühles Klima. Leistung und Erfolg waren gefragt. Michael lernte sich früh anzupassen und die an ihn gestellten Erwartungen zu erfüllen. Um ihn, um seine Bedürfnisse, um das, was ihn wirklich bewegte und interessierte, darum ging es nicht.

Michael war aufgewühlt. Mit seiner Lebenssituation konfrontiert, überkam ihn das ungute Gefühl, dass er, statt zu leben, nur gut funktionierte. Michael fühlte sich plötzlich leer und um sein Leben betrogen. „Wozu der ganze Stress?" „Wozu die endlose Rackerei, wenn dabei die Beziehung in die Brüche geht?" „Wozu das viele Arbeiten bis spät in die Nacht hinein, wenn ich am Ende alleine dastehe und sogar die Kinder mich wie einen Fremden anschauen?", tönte es in seinem Kopf. „Das kann doch nicht alles sein!", „Was ist aus meinem Leben geworden?" und „Wo bin ich geblieben?" waren Gedanken, die ihm durch den Kopf gingen und nicht mehr losließen.

Nachdem sich der Sturm der Gedanken und Gefühle gelegt und er sich beruhigt hatte, ging es ihm besser. Die Kopfschmerzen, die auf seine Augen gedrückt hatten, ließen nach. Die Schwere in seiner Brust war nur noch schwach spürbar. Die Atmung ging leichter. Zwar war Michael müde, doch er fühlte sich gelöst. Ihm war klar, dass es so nicht weitergehen konnte. Er wollte weder Brigitte noch die Familie verlieren. Von Termin zu Termin hetzen, ständig Höchstleistungen erbringen, bis spät in die Nacht hinein arbeiten und nicht mehr abschalten können, das konnte nicht der Sinn und Inhalt des Lebens sein. Etwas musste sich ändern. Obwohl Michael ratlos war und nicht wusste, wie es in seinem Leben weitergehen sollte, ging es ihm überraschend gut. Zum ersten Mal seit langer Zeit war sein Kopf leicht und frei. Zum ersten Mal seit langer Zeit war er nicht gestresst und angespannt. Zum ersten Mal seit langer Zeit spürte er sich selber wieder. Tief berührt und für das Erlebte dankbar verließ Michael die Bank am Waldrand und kehrte nach Hause zurück.

NORMALZUSTAND VOLLER KOPF

~

Kaum sind wir morgens aufgewacht, ist die Ruhe der Nacht verflogen. Im Kopf beginnt es zu arbeiten. Schon nach kurzer Zeit ist dieser voll. Wir machen uns Gedanken zum Tag und rufen uns wichtige Termine in Erinnerung. Wir vergegenwärtigen uns, welche Aufgaben wir zu erledigen und welche Probleme wir zu lösen haben. Wir machen uns Sorgen wegen der Schulprobleme der Kinder und befürchten, dass die Lebenskosten weiter steigen werden. Wir fragen uns, ob unser Partner, unsere Partnerin uns noch liebt und wie es mit der Beziehung wohl weitergehen wird. Wir hängen am Gespräch mit der Nachbarin des Vortages und sind unsicher, ob sie doch nicht Recht hat mit ihrer Vermutung. Wir zweifeln, ob es ein guter Entscheid war, neue Küchenstühle zu kaufen, und ob die alte Lampe noch passt. Wir grübeln über eine unerledigte Geschichte nach und sind damit beschäftigt, unser Verhalten beim letzten Treffen mit Freunden zu rechtfertigen. Wir haben Schuldgefühle und ein schlechtes Gewissen, da wir die Schwiegereltern nicht wie versprochen angerufen haben. Wir führen langatmige Selbstgespräche und sind in Gedanken versunken. Wir hängen Tagträumen nach und wünschen, dass das Leben anders wäre.

Bei der Arbeit im Büro, beim Erledigen der Einkäufe, während einer Begegnung mit Bekannten, beim Besorgen des Haushaltes, bei der Erziehung der Kinder, beim Begleichen der offenen Rechnungen, beim Erledigen von Telefonaten, beim Beantworten der zahllosen E-Mails geht es im gleichen Stil weiter. Ständig sind wir mit irgendwelchen Dingen beschäftigt. Im Kopf arbeitet es unablässig und dieser ist voll.

Abends, nach einem langen, ereignisreichen Tag, sind wir müde und erschöpft. Wir sehnen uns nach Ruhe und Erholung. Wir sind froh, wenn es nichts mehr zu tun gibt und wir runterfahren können. Wir brauchen

Zeit, um den Stress loszulassen und die Eindrücke des vergangenen Tages zu verdauen. Um abzuschalten, schauen wir uns im Fernsehen einen Film an oder gönnen uns ein kühles Bier. Im Bett lesen wir noch einige Seiten in einem spannenden Buch und freuen uns, wenn es ruhig wird und wir einschlafen können.

Dass es in unserem Kopf ständig arbeitet und dieser voll ist, nehmen wir meistens gar nicht wahr. Eingespannt in einen engen Zeitplan und mit tausend Dingen beschäftigt, ist uns gar nicht bewusst, wie stark wir geistig absorbiert sind. Dass dieser Zustand uns belastet und die Gesundheit und das Wohlbefinden beeinträchtigt, bekommen wir immer wieder zu spüren. Wir sind ruhelos und können kaum still sitzen. Wir fühlen uns gestresst und angespannt. Wir sind verwirrt und unkonzentriert. Wir fühlen uns müde und unzufrieden. Obwohl wir unter dem Gedankenkarussell und seinen Auswirkungen leiden, ändern wir nichts an unserer Situation. Wir machen weiter wie bisher und hoffen, dass es irgendwann von selber besser werden wird. Meistens braucht es ein einschneidendes Ereignis, wie eine seelische Krise oder ein körperliches Leiden, dass wir unseren vollen Kopf und seine Folgen bewusst wahrnehmen und die Lebensweise ändern.

AUSWIRKUNGEN EINES VOLLEN KOPFES

~

Ruhelosigkeit und Angetriebensein

Unser voller Kopf hält uns auf Trab. Die vielen Gedanken lassen uns nicht zur Ruhe kommen. Wir stehen latent unter Strom. Rastlos hetzen wir durch den Tag. Kaum dass wir eine Sache in Angriff genommen haben, sind wir gedanklich bereits bei der nächsten. Oftmals sind wir mit mehreren Dingen gleichzeitig beschäftigt und wissen plötzlich nicht mehr, wo uns der Kopf steht. Angetrieben und ruhelos, wie wir sind, klagen wir darüber, dass wir zu wenig Zeit zum Leben haben, die Welt sich immer schneller dreht und die Hektik von Tag zu Tag zunimmt.

An die Ruhelosigkeit und das Angetriebensein haben wir uns gewöhnt. Sie gehören zu unserem Alltag. Wenn es still wird und es nichts zu tun gibt, wird es unangenehm. Die Stille und das Nichtstun verunsichern uns. Wir geraten in Spannung. Sie konfrontieren uns mit dem Vollsein im Kopf und lassen uns die Ruhelosigkeit und das Angetriebensein spüren. Um solche Begegnungen möglichst zu vermeiden, beschäftigen wir uns. Wir greifen zum Handy und rufen schnell jemanden an oder schicken eine kurze SMS. Wir checken unsere E-Mails oder surfen im Internet. Zu Hause schalten wir den Fernseher ein und zappen umher. Wir stehen auf, gehen zum Kühlschrank und essen eine Kleinigkeit. Danach setzen wir uns wieder vor den Fernseher und warten auf einen Anruf oder eine SMS.

Stress und Anspannung

Wenn der Kopf voll ist, sind wir gestresst und angespannt. Den Stress und die Anspannung bekommen wir auf verschiedene Weise zu spüren. Wir fühlen uns irritiert und sind leicht reizbar. Wir sind schnell verunsichert und reagieren auf Störungen ungehalten. Wir leiden unter Kopfschmerzen und an Verspannungen im Nacken. Wir haben Probleme mit der Verdauung und schlafen schlecht. In Gesprächen fällt es uns schwer, zuzuhören und uns auf unser Gegenüber einzulassen. Es gibt Missverständnisse und Kommunikationsschwierigkeiten. Die Schuld für den Stress, die Spannungen und die Schwierigkeiten schieben wir der Umwelt, dem Job, der Beziehung, der Ernährung oder dem Mangel an Erholung und Freizeit zu.

Die Hauptursache, die für den Stress und die Spannungen verantwortlich ist, liegt nicht in der Außenwelt, sondern in uns, genauer im Kopf, der voll ist. Äußerliche Ursachen wie die Umwelt, der Job, die Beziehung, die Ernährung und der Mangel an Erholung und Freizeit spielen eine zweitrangige Rolle. Sie funktionieren wie Verstärker und bringen den Kopf, der bereits voll ist, zum Überlaufen. Da wir übersehen, welche zentrale Rolle dem vollen Kopf beim Stress, den Spannungen und den Schwierigkeiten zukommt, drehen wir uns im Kreis und kommen nicht weiter. Trotz großer Bemühungen und gut gemeinter Absichten fällt es uns schwer, den Stress loszulassen, die Spannungen aufzulösen und die Schwierigkeiten hinter uns zu lassen.

Verwirrung und Unkonzentriertheit

Mit einem vollen Kopf ist es schwierig, klare Gedanken zu fassen, konzentriert zu arbeiten und gut zu leben. Die vielen Gedanken verwirren uns. Sie machen uns konfus und schaffen ein heilloses Durcheinander. Die vielen Gedanken tragen uns weg von dem, womit wir gerade beschäftigt sind, und führen uns Mal für Mal in die Irre. Kaum dass wir uns auf eine Sache einlassen, werden wir bereits von den auftauchenden Gedanken davongetragen. Wir verlieren die Übersicht und können nicht mehr sagen, was wesentlich und was unwesentlich, was wichtig und was unwichtig ist. Die vielen Gedanken sind mit einem Lärm vergleichbar, der uns auf Schritt und Tritt begleitet und den wir nicht mehr abstellen können. Und mit Lärm im Kopf lässt es sich schlecht leben und schlecht arbeiten.

Wenn der Kopf voll ist, sind wir nicht nur verwirrt und unkonzentriert, sondern auch unklar und unverbindlich. Die vielen sich widersprechenden Gedanken hindern uns daran, uns zu entscheiden und uns festzulegen. Statt die Dinge beim Namen zu nennen, weichen wir aus und verlieren uns in Details. Wir sagen Ja statt Nein. Wir sagen: vielleicht, ich weiß nicht, möglicherweise, eventuell oder kann schon sein, nur nicht das, was für uns im Augenblick wahr ist. Die vielen Gedanken, allen voran das Grübeln, Hadern, Zweifeln und Misstrauen machen es unmöglich, dass wir klar sind und uns selber spüren können. Wir reagieren sprunghaft, und unser Fühlen, Denken und Handeln ist voll Widersprüche und Gegensätze.

Müdigkeit und Kraftlosigkeit

Das Vollsein im Kopf ist belastend. Es ist irritierend, sich ständig mit sich widerstreitenden Gedanken herumschlagen zu müssen und weder eine Antwort noch einen Ausweg zu finden. Es ist aufreibend, immer wieder aufs Neue von denselben Sorgen und Befürchtungen in Beschlag genommen zu werden und sich ständig rechtfertigen und erklären zu müssen. Es ist unangenehm, immer wieder Schuldgefühle zu haben und von einem schlechten Gewissen geplagt zu werden. Es ist anstrengend, unerledigte Geschichten herumzutragen und sich mit dem Leben nicht aussöhnen zu können. Es zehrt an der Substanz, nachts wach zu liegen und wegen der vielen Gedanken nicht schlafen zu können.

Wenn der Kopf voll ist, führt dies dazu, dass die Energiereserven schwinden und wir geschwächt sind. Wir fühlen uns schutzlos und dünnhäutig. Immer wieder stehen wir an und haben Mühe, Probleme anzupacken. Leicht geraten wir aus dem Tritt und verlieren den sicheren Boden unter den Füßen. Die Gesundheit wird ebenfalls in Mitleidenschaft gezogen. Wir erschöpfen schnell und brauchen Zeit, um uns nach einer Anstrengung zu erholen. Wir haben seltsame körperliche Empfindungen und klagen über Beschwerden, die als psychosomatisch kategorisiert werden. Wir fühlen uns unwohl in unserer Haut, können jedoch nicht sagen, weshalb.

Sorgen und Ängste

Ein voller Kopf bedeutet Sorgen, Befürchtungen und Ängste. Da dieser Zustand unangenehm ist und Kraft kostet, versuchen wir gegenzusteuern und alles Störende und Negative aus der Welt zu schaffen. Um uns zu beruhigen, reden wir uns gut zu, und um uns zu trösten, denken wir an etwas Schönes. Obwohl wir vorübergehend zur Ruhe kommen und entspannen können, kehren die Sorgen, Befürchtungen und Ängste zurück. Unser Aktivsein bewirkt, dass der Kopf voll bleibt und die Sorgen,

Befürchtungen und Ängste immer wieder auftauchen. Gelingt es uns nicht, loszulassen und uns von den Sorgen, Befürchtungen und Ängsten zu befreien, können wir in einen Teufelskreis geraten. Je mehr wir uns wehren, desto enger wird es in uns. Die Gedanken werden negativer und die Sorgen, Befürchtungen und Ängste größer. Dabei laufen wir Gefahr, uns zu verkrampfen, das innere Gleichgewicht zu verlieren und seelisch abzustürzen.

Mit Sorgen, Befürchtungen und Ängsten ist der Alltag anstrengend. Da wir nie wissen, wann sie wieder auftauchen und was sie in uns auslösen, sind wir latent angespannt und fühlen uns unsicher. Statt offen zu sein und uns mutig aufs Leben einzulassen, verhalten wir uns vorsichtig und stehen auf der Bremse. Hindernisse und Schwierigkeiten fürchten wir und allem Unbekannten und Störenden weichen wir aus. Wir werden ängstlicher und beginnen das Vertrauen ins Leben und den Glauben an das Gute zu verlieren. Wenn der Kopf voll bleibt, hören nicht nur die Sorgen, Befürchtungen und Ängste nicht auf, sondern wir finden keinen Ort auf dieser Welt, wo wir uns entspannen können und Ruhe finden.

Unzufriedenheit und Unglücklichsein

Wenn der Kopf voll ist, können wir nicht mehr sagen, was wir brauchen und was uns gut tut. Wir haben Mühe, zu erkennen, was uns glücklich macht und zu einem zufriedenen Leben verhilft. Nicht dass wir keine Wünsche und keine Vorstellungen von der Zufriedenheit und dem Glück hätten. Mitnichten. Das Gegenteil ist der Fall. Wir sind voll von Wünschen und Vorstellungen. Da diese von unseren Stimmungen und Launen abhängen, ändern sich diese dauernd. Und weil sie sich dauernd ändern, können wir nicht mehr sagen, welche wichtig und richtig sind und welche nicht. Werden unsere Wünsche schließlich erfüllt und haben wir, was wir für die Zufriedenheit und das Glück benötigen, stellt sich oft heraus, dass das Gewünschte das Falsche war und die Zufriedenheit und das Glück nur von kurzer Dauer sind.

Nicht mehr zu wissen, was uns zufrieden und glücklich macht, ist frustrierend und deprimierend. Es macht uns halt- und orientierungslos. Es treibt uns um und lässt uns nicht zur Ruhe kommen. Wir suchen hier und suchen dort. Wir probieren dieses und später jenes aus. Trotz der Suche und dem Ausprobieren aller möglichen Dinge erlangen wir weder die Zufriedenheit, noch kehrt das Glück ein. Das Gesuchte scheint unerreichbar zu sein. Außerstande, zu verstehen, weshalb dies so ist, hoffen wir auf bessere Zeiten und versuchen uns mit der Unzufriedenheit und dem Unglücklichsein zu arrangieren.

LEBEN IN VERGESSENHEIT

~

All dies sind Auswirkungen eines vollen Kopfes. Die wohl einschneideste Konsequenz von allem ist: Ein voller Kopf deckt den Zugang zur inneren Quelle zu. Er macht uns blind für das Wesentliche und lässt uns vergessen, wer wir sind. Das, was wir besitzen und uns aufgebaut haben, genügt nicht. Etwas fehlt immer. Das Gewöhnliche und Alltägliche ist zu wenig. Wir werden einfach nicht satt und der Lebenshunger ist nicht zu stillen. Es muss immer etwas Neues, etwas Besseres, etwas Größeres dazukommen. Unser Leben wird zu einem einzigen „Wenn – dann". „Wenn ich eine neue Stelle habe, wird alles gut", „Wenn ich mir mehr Geld verdiene, werde ich zufrieden sein", „Wenn wir im neuen Haus wohnen, sind meine Träume erfüllt" oder „Wenn ich eine liebe Frau, einen netten Mann gefunden habe, ist das Glück vollkommen" sind Gedanken, die dies zum Ausdruck bringen.

Manchmal nachts, wenn wir im Bett liegen und über das Leben nachsinnen, befällt uns eine seltsame Wehmut und tauchen sie auf, die schweren Gedanken: „Ist das alles?", „War es das schon?", „Das kann es doch nicht schon gewesen sein!" oder „So habe ich mir das Leben aber nicht vorgestellt!". Da solche Gedanken uns aufwühlen und verunsichern, schieben wir sie sogleich auf die Seite. Wenn sie nicht weggehen wollen, versuchen wir uns abzulenken. Hilft dies nicht, werden wir unruhig. Wir stehen auf und laufen in der Wohnung umher. Wir nehmen die Tageszeitung hervor und versuchen zu lesen. Wir setzen uns vor den Fernseher und zappen so lange herum, bis wir müde sind und einschlafen können.

Denkanstöße:

- *Wo stehst du im Leben?*
- *Bist du mit dem, was du dir angeeignet und aufgebaut hast, zufrieden?*
- *Ist das, was aus deinem Leben geworden ist, das, was du dir erhofft und gewünscht hast?*
- *Oder bist du trotz eines aktiven Lebens, beruflichen Erfolges und materiellen Besitzes unzufrieden?*
- *Wenn ja, weshalb?*
- *Gibt es etwas, das dir fehlt und das du vermisst?*
- *Wenn ja, was?*

Eigene Erfahrungen

~

Als ich klein war, war das Leben ein unbeschreibliches Wunder. Das Staunen gehörte für mich genauso zum Alltag wie das spielerische Erforschen der Umwelt. Mein Kopf war frei und mein Herz offen. Ich fühlte mich leicht und unbeschwert. Ich fühlte mich glücklich und war vom Leben erfüllt. Ich kümmerte mich weder um die Vergangenheit noch machte ich mir Sorgen über die Zukunft. Ich lebte in der Gegenwart und genoss den Augenblick.

Mit dem Älterwerden ändert sich mein Zustand. Ich machte Erfahrungen, die mich verletzten, und wurde mit Ereignissen konfrontiert, die meine Existenz bedrohten. Mein Kopf begann sich zu füllen und der Lebensraum, der offen und weit gewesen war, bekam Grenzen. Die Unbeschwertheit ging verloren und die Lebensfreude wurde getrübt. Das Gefühl des Getragen- und Verbundenseins schwand. Die Lebensenergien flossen nicht mehr ungehindert. Ohne dass ich dies wahrgenommen hätte, wurde der Zugang zur inneren Quelle zugeschüttet und geriet das Herz in Vergessenheit.

Nicht mehr in mir zu Hause, wurde ich unsicher und ängstlich. Die Gedanken wurden stärker und der denkende Geist mächtiger. Ich begann an mir zu zweifeln und mir selber nicht mehr zu genügen. Ich war unzufrieden und haderte mit dem Leben. In meinem Inneren breitete sich eine Spannung aus, die größer und tiefer wurde. Und mit der Spannung, die auch meinen Körper erfasste, waren sie plötzlich da, die Gefühle des Abgeschnittenseins und der Einsamkeit.

Um den unangenehmen Gefühlen und der inneren Spannung zu entfliehen, wurde ich unempfindlich und machte mich hart. Ich legte mir eine dicke Haut zu, die mich gegen außen hin schützte und hinter der ich alles Zarte und Feine verbarg. Um den Halt nicht zu verlieren, richtete ich mein Leben auf die Außenwelt aus und wurde aktiv. Ich hoffte, das Glück und die Erfüllung außerhalb von mir zu finden, und hielt mich in einer Traumwelt auf. Ich träumte davon, möglichst schnell groß und stark zu werden. Ich stellte mir vor, wie ich über den Dingen stand und über das Leben bestimmte. Was ich nicht wollte, war Kind sein. Kindsein war gefährlich. Kindsein bedeutete schutzlos und ausgeliefert zu sein und verletzt zu werden.

Obwohl das Wissen in meinem Kopf von Jahr zu Jahr zunahm und ich auf komplexe Fragen intelligente Antworten geben konnte, wusste ich immer weniger, wer ich war, ganz zu schweigen davon, was ich für ein erfülltes und glückliches Leben brauchte. Mein Suchen nach dem, was ich einmal besaß und nicht mehr finden konnte, wurde immer verzweifelter und heftiger. Um meine verlorene innere Heimat, das Herz, wieder zu finden, probierte ich alle möglichen Dinge aus. Angetrieben von einer unbändigen Kraft, die sich meiner Kontrolle entzog, ließ ich mich auf die unterschiedlichsten Abenteuer ein, kam dabei glücklicherweise aber nie zu Schaden.

Wie sehr ich mich auch abmühte, das, wonach ich suchte, konnte ich nirgends finden, an keinem Ort, in keiner Tätigkeit und in keiner Beziehung. Wenn ich glaubte, gefunden zu haben, wonach ich suchte, und danach griff, wurde ich maßlos enttäuscht. Die Erfüllung und das Glück hielten nie, was sie versprachen. War die Enttäuschung verflogen und hatte ich mich wieder gefangen, begann ich mich erneut auf die Suche zu machen und mich auf ein weiteres Abenteuer zu stürzen. Das Streben nach Erfüllung und das Suchen nach dem Glück gingen so lange weiter, bis ich aufhörte, in der Außenwelt zu suchen, ich meine Aufmerksamkeit nach innen richtete und ich das, wonach ich überall vergebens suchte, in mir entdeckte.

2

~

KLEINE WELT

Thomas ist Grafiker und lebt alleine. Als junger Erwachsener stieß er auf das Buch „Haben oder Sein" des deutschen Philosophen und Psychoanalytikers Erich Fromm. Was er las, weckte in ihm den Wunsch, mehr über das Leben und dessen tieferen Sinn zu erfahren. Also begann er philosophische Schriften und psychologische Bücher zu lesen und sich mit grundlegenden Lebensthemen zu befassen. Um sich selber besser kennen zu lernen, begab er sich in eine Selbsterfahrungsgruppe. In dieser beschäftigte er sich mit seiner Vergangenheit und gewann bedeutsame Einsichten. Unter anderem erkannte er, wie das kühle Familienklima seine Lebensfreude trübte und das angespannte Beziehungsverhältnis seiner Eltern ihn als Kind belastete. Die Auseinandersetzung mit seiner Vergangenheit war heilsam. Sie half Thomas, Spannungen abzubauen, seine Verhaltensmuster besser zu verstehen, und stärkte sein Selbstbewusstsein.

Da Thomas etwas von der Welt sehen wollte, kündigte er drei Jahre später seine Arbeitsstelle und reiste per Schiff nach Südafrika. Auf seiner Weiterreise, die er mit dem Zug fortsetzte, besuchte er verschiedene Länder des mittleren Ostens und landete schließlich in Indien. Während eines Ausfluges ans Meer entdeckte Thomas ein abgelegenes Fischerdorf, das ihm wegen seiner beschaulichen Lage außerordentlich gut gefiel. Kurzentschlossen nahm er sich ein Zimmer in einer kleinen Pension, die im Zentrum des Dorfes lag. Er verbrachte viel Zeit mit Lesen, ausgedehnten Spaziergängen am Meer entlang und Nichtstun.

Auf einem seiner Spaziergänge begegnete Thomas einem alten Mann, der etwas außerhalb des Dorfes in einer einfachen Hütte wohnte. Der alte Mann winkte Thomas zu sich. Er lud ihn ein, sich zu ihm zu setzen und mit ihm Tee zu trinken. Thomas zögerte zuerst, folgte dann aber der Einladung. Thomas konnte sich mit dem alten Mann nicht verständigen. Er sprach kein Wort Englisch. Schweigend saßen sie vor seiner Hütte, tranken Tee und schauten aufs Meer hinaus. Wenn der alte Mann ihn mit seinen dunkelbraunen Augen anschaute, strahlte er übers ganze Gesicht. Thomas war verlegen und verwirrt. Er wusste nicht, wie er sich verhalten sollte. Statt unsicher zu werden und sich zu verkrampfen, geschah etwas völlig Unerwartetes. Thomas entspannte sich und wurde ruhig. In seinem Kopf hörte es auf zu arbeiten und ein großer Frieden breitete sich aus. Tief berührt von der Begegnung mit dem alten Mann kehrte er in die Pension zurück.

Am nächsten Tag besuchte Thomas den alten Mann wieder. Schweigend saßen sie vor der Hütte, tranken Tee und schauten aufs Meer hinaus. Wie bei der ersten Begegnung wurde es in ihm still und war er von Frieden und Glück erfüllt. Thomas besuchte den alten Mann regelmäßig. Er verbrachte viele Stunden schweigend vor seiner Hütte. Das Zusammensein mit dem alten Mann hatte eine tiefe, nachhaltige Wirkung. Thomas fühlte sich leicht und frei. Ihm fehlte nichts und er vermisste nichts. Er hatte das Gefühl, angekommen, zu Hause zu sein. Einen Monat verbrachte Thomas im Fischerdorf. Danach musste er nach Hause reisen. Schweren Herzen nahm er Abschied vom alten Mann, in dessen Gegenwart er sich so erfüllt und glücklich fühlte, und verließ er den ihm liebgewordenen Ort.

Wieder zu Hause fiel es Thomas schwer, Fuß zu fassen. Er hatte Mühe, sich zu orientieren und im Alltag zurechtzufinden. Er fühlte sich ver-

loren und entwurzelt. Sein Körper war zwar angekommen, nicht aber seine Seele. Diese war noch immer unterwegs. Was Thomas zusätzlich zu schaffen machte, war der Stress und die Hektik, denen er überall begegnete. Alles musste schnell gehen und die Zeit war immer knapp. Der Stress und die Hektik übertrugen sich auch auf die Menschen. Sie wirkten ruhelos und angetrieben, waren angespannt und unzufrieden. Ständig gab es etwas auszusetzen, zu beklagen und zu bemängeln.

Weil Thomas Geld brauchte, suchte er sich eine Arbeit und ließ sich in einer kleinen Werbefirma als Grafiker anstellen. Thomas ging seiner Arbeit nach und kümmerte sich um den Haushalt. Er traf sich mit Freunden und ging ins Kino. Er trieb Sport und führte ein aktives Leben. Obwohl er sich wieder gut eingelebt hatte, war er unglücklich. Sein Leben, das kurz zuvor noch so voll und reich gewesen war, kam ihm leer und öde vor. Die Welt, in der er lebte, erschien ihm klein und eng.

Es schmerzte Thomas, dass der Frieden und das Glück, die er in Indien erfahren hatte und seinem Dasein einen völlig neuen Sinn gaben, weg waren. Thomas versuchte sich mit Computerspielen abzulenken und mit Fernsehfilmen auf andere Gedanken zu bringen. Er war häufig unterwegs und verbrachte viel Zeit mit seinen Freunden. An den Wochenenden war er draußen und fuhr mit dem Bike über Stock und Stein oder besuchte Musikkonzerte Es half alles nichts. Er kam nicht zur Ruhe und blieb unglücklich.

Da sein Zustand ihn bedrückte und die Lebensfreude schwand, begab sich Thomas in Psychotherapie. Mit psychotherapeutischer Unterstützung begann er die Hintergründe seiner Schwierigkeiten zu erforschen. Thomas erkannte, dass ihm die Rückkehr nach der langen Abwesenheit mehr Schwierigkeiten bereitete, als er wahrhaben wollte. Bei seiner Ankunft fühlte er sich dünnhäutig und verletzlich. Nicht mehr an die Hektik und das hohe Lebenstempo gewöhnt, war ihm alles zu viel. Um sich zu schützen, verschloss er sich, und um den Alltagsstress besser zu ertragen, ging er zur Welt auf Distanz.

Die Psychotherapie war wichtig. Sie ermöglichte ihm, aufzuräumen und Ordnung in sein Leben zu bringen. Die Schwere, die sich auf ihn gelegt hatte und ihn in seinem Handeln behinderte, löste sich auf. Die körperlichen Spannungen, die Nackenbeschwerden verursachten und Kopfschmerzen auslösten, ließen nach. Die Lebensfreude und das Selbstvertrauen kehrten zurück. Drei Monaten nach Beginn der Psychotherapie ging es Thomas besser. Er war gelöst und ruhig. Er hatte Energie und blickte voller Zuversicht in die Zukunft. Schwierig wurde es für ihn immer dann, wenn er an Indien und den alten Mann dachte. Die Erinnerungen wühlten ihn auf. Er spürte Trauer und Sehnsucht und hatte das ungute Gefühl, unfrei zu sein und in einer kleinen und engen Welt zu leben.

Die Gefühle der Trauer, die Sehnsucht, die Enge und das Unfreisein waren ihm nicht unvertraut. Thomas, der längere Zeit ohne Beziehung gewesen war, verliebte sich Hals über Kopf in eine Frau. Mehr als einen Monat war er glücklich und hatten sie es gut zusammen. Thomas genoss die Nähe und das Zusammensein. Dann begann er sich plötzlich unwohl zu fühlen; er wurde angespannt und unruhig. In der Gegenwart seiner Partnerin fühlt er sich eingeengt und unfrei. Thomas verstand die Welt nicht mehr. Obwohl er seine Partnerin liebte und er, kaum dass er nicht mehr in ihrer Nähe war, sich nach ihr sehnte, tauchten die unangenehmen Gefühle in ihrer Nähe immer wieder auf. Da die Situation für ihn immer unerträglicher wurde und er keinen Ausweg sah, entschied er sich schweren Herzens, die Beziehung zu beenden.

Doch einige Jahre später, Thomas befand sich in einer neuen Beziehung, machten sich die unangenehmen Gefühle wieder bemerkbar. Statt davonzulaufen und die Beziehung abzubrechen, beschloss Thomas, sich den Schwierigkeiten zu stellen. Um dies zu tun, begab er sich erneut in Psychotherapie. In dieser lernte er, den Gefühlen Raum zu geben, auf die Signale des Körpers zu achten und zu entspannen. Wie Thomas erkannte, wurden die Gefühle der Enge und des Unfreiseins durch die Nähe und Intimität zur Partnerin ausgelöst, hatten ihren Ursprung jedoch nicht in der Beziehung selber. Diese Einsicht war wichtig. Zum einen führte sie zu einer Entkrampfung und nahm Druck aus der Partnerschaft. Zum anderen ermöglichte sie Thomas, den Blickwinkel zu öffnen und den Ursachen seiner Beziehungsschwierigkeiten auf den Grund zu gehen.

Thomas ging es dann gut, wenn er innerlich weit war und viel Raum zum Leben hatte. Er war entspannt und trat selbstsicher auf. Weder hatte er Gedanken, die ihn bedrängten, noch Gefühle, die ihn bedrückten. Sein Zustand änderte sich, sobald Ansprüche gestellt wurden oder sein Gegenüber Erwartungen an ihn hatte. Dies führte dazu, dass Thomas unter Druck geriet und sich gestresst fühlte. In seinem Kopf begann es zu arbeiten. Er befürchtete, die Erwartungen nicht erfüllen und den Ansprüchen nicht gerecht werden zu können. Mit dem Druck und den Befürchtungen gingen Offenheit und Weite verloren. Der Lebensraum wurde eng und die Welt klein. Thomas fühlte sich bedrängt und gefangen. Da er diesen Zustand kaum ertrug, gab es für ihn nur einen Ausweg: Abbruch der Beziehung und Flucht aus der Situation, die ihm wie ein Gefängnis vorkam.

In Indien, in der Gegenwart des alten Mannes, fühlte sich Thomas zum ersten Mal in seinem Leben wirklich frei und glücklich. Es gab keine negativen Gefühle, keine Enge, keine Grenzen und keine kleine Welt. Er hatte alles und ihm fehlte nichts. Bei seiner Rückkehr wurde er von der Hektik und dem hohen Lebenstempo überrollt. Die Offenheit und Weite waren weg. In ihm wurde es eng und seine Welt erhielt Grenzen. Der Kopf war voll und der Frieden und das Glück unauffindbar. Thomas, der nicht wusste, wie ihm geschah, fiel aus seiner Mitte und verlor den Halt im Leben.

Die Auswirkungen der Ansprüche und Erwartungen in Beziehungen auf die Offenheit und Weite und sein psychisches Befinden zu erkennen war wichtig. Es ermöglichte Thomas, das Muster, flüchten zu wollen, abzulegen, Standfestigkeit zu entwickeln und sich auf sein Gegenüber einzulassen. Wie ihm weiter klar wurde, musste er, wollte er frei und glücklich sein, wie er es in der Gegenwart des alten Mannes in Indien gewesen war, sein Leben neu ausrichten. Da ihm dies ein zentrales Anliegen war, begab sich Thomas auf den spirituellen Weg und begann zu meditieren.

DER INNERE LEBENSRAUM

~

Wenn wir im Kopf frei sind, geht es uns gut. Wir sind gelöst und ruhig. Wir können uns innerlich ausdehnen und haben Raum zum Sein. Die Welt ist groß und das Leben spannend. Wir haben Energie und stehen mit beiden Beinen fest auf dem Boden. Wir sind offen und begegnen den Menschen mit Interesse. Wenn wir viele Gedanken haben und uns Sorgen machen, ist der Kopf voll. Der Lebensraum erhält Grenzen und die Welt wird klein. Wir stoßen an und fühlen uns beengt. Wir sind angespannt und unsicher. Wir haben Mühe, zur Ruhe zu kommen und Halt im Leben zu finden.

Wenn wir gar nicht mehr abschalten können, kann es in uns sehr eng werden. Wir sitzen fest und haben das Gefühl, von Wänden umgeben zu sein. Wir fühlen uns eingesperrt und gefangen. Das Leben ist dunkel und das Dasein schwer. Wenn es uns nicht gelingt, uns zu befreien und innerlich Raum zu schaffen, können wir abstürzen und in eine Depression geraten.

Beschäftigt, wie wir sind, ist uns gar nicht bewusst, welch großen Einfluss das Vollsein im Kopf auf unseren Lebensraum hat und wie dies unsere Sicht von der Welt prägt. Wir haben uns an den begrenzten Lebensraum gewöhnt und uns mit der kleinen Welt arrangiert. Dass wir unzufrieden sind und uns etwas fehlt, bekommen wir immer wieder zu spüren. Obwohl wir viel nachgedacht haben, können wir nicht sagen, weshalb dies so ist und was uns fehlt. Dass es mehr gibt im Leben und wir frei sein können, ist möglich und hat Thomas auf eindrückliche Weise erfahren.

Denkanstöße:

- *Welcher Art ist dein innerer Lebensraum?*
- *Hast du viel oder wenig Platz?*
- *Ist deine Welt groß oder klein?*
- *Fühlst du dich frei und weit oder eingeengt und bedrängt?*
- *Befällt dich manchmal das ungute Gefühl, von der Umwelt abgetrennt und vom Leben abgeschnitten zu sein und dies ohne ersichtliche Gründe?*
- *Wenn ja, womit hängt dies für dich zusammen und wie hast du dir diese Gefühle erklärt?*

GRENZEN UND ENGE

~

Die Grenzen, denen wir im Alltag begegnen, und die Enge, die wir dabei erfahren, haben nicht mit der Wohnung, der Umgebung, dem schlechten Wetter, der Arbeit oder besonderen Vorkommnissen zu tun, sondern mit dem vollen Kopf. Schöpfer der Grenzen und Enge ist der denkenden Geist, die Instanz, die unablässig Gedanken hervorbringt, Konzepte entwirft, Muster entwickelt, Geschichten erfindet, Dramen inszeniert und diese auf die Umwelt projiziert. Was aber geschieht genau? Wie schafft dieser Grenzen und wie entsteht die Enge?

Das ständige Aktivsein des denkenden Geistes oder Egos bewirkt, dass der Kopf voll bleibt und wir nicht zur Ruhe kommen. Die vielen Gedanken, die kommen und gehen, verbinden sich kreuz und quer miteinander. Dabei verdichten sie sich und ein feinmaschiges, geistiges Gewebe entsteht. Dieses Gewebe ist nicht immer gleich beschaffen. Wenn wir negative Gedanken haben, uns Sorgen machen, im Stress sind und unter Druck stehen, zieht sich das Gewebe zusammen und wird dicht und fest.

Der Lebensraum erhält spürbare Grenzen. In uns ist es eng und die Welt wird klein. Wenn wir gelöst und entspannt sind, ist das Gewebe durchlässig und fein. Es verliert seine Festigkeit und Dichte. Der Lebensraum öffnet sich. In uns ist es weit und die Welt wird groß.

Dass der denkende Geist für das Entstehen der Grenzen und der Enge verantwortlich ist, können wir leicht überprüfen. Eine gute Gelegenheit dazu bietet sich uns morgens, unmittelbar nach dem Aufwachen. Im Übergang von der Nacht zum Tag, wenn wir nicht in der Traumphase sind, ist es in uns ruhig. Es gibt kein Ego, kein gedankliches Gewebe, keine Enge und keine Grenzen. Dieser freie, ungebundene Zustand dauert meistens nur einen Sekundenbruchteil. Kaum dass wir richtig wach sind und gewahr werden, dass es Morgen ist, wird der denkende Geist aktiv. Im Kopf beginnt es zu arbeiten. Gedanken tauchen auf und Vorstellungen werden entworfen. Szenarien werden entwickelt und Pläne geschmiedet. Das feinmaschige Gewebe wird gesponnen und der Kopf füllt sich. Der Lebensraum verliert seine Offenheit und Weite und erhält Grenzen. Die Welt wird klein und die uns bestens vertraute Alltagswirklichkeit wird geboren.

Ein Ort, wo wir die Grenzen und Enge zu spüren bekommen, sind Beziehungen. Wir möchten Kontakt und Nähe. Wir möchten lieben und geliebt werden. Wir möchten uns hingeben und zusammenfließen. Statt offen zu sein und einander zu berühren, erleben wir häufig das genaue Gegenteil. Wir fühlen uns unverstanden und zurückgewiesen. Wir erleben Gefühle der Einsamkeit und des Abgeschnittenseins. Etwas Trennendes, das den Kontakt behindert und die Nähe unmöglich macht, schiebt sich immer wieder zwischen uns und unser Gegenüber.

Denkanstöße:

- *Hast du dich auch schon gefragt, weshalb es dir in den Bergen und am Meer so gut geht und du dich an diesen Orten leicht und frei fühlst?*
- *Hat dies mit dem guten Klima, der frischen Luft, der Sonne oder dem Meerwasser zu tun?*
- *Oder spielen andere Faktoren eine entscheidende Rolle?*
- *In den Bergen und am Meer ist der Himmel offen und grenzenlos weit. Angeregt von der Offenheit und Weite des Himmels, leert sich der Kopf. Das Entspannen und Loslassen geschieht von selber. Die Lebensenergien beginnen zu fließen und wir dehnen uns innerlich aus. Die Grenzen, die uns normalerweise umgeben, lösen sich auf und die Enge der kleinen Welt verschwindet. Wir fühlen uns frei und sind glücklich. Die Offenheit und Weite, die wir in den Bergen und am Meer erfahren, sind der Grund, weshalb wir uns an diesen Orten so wohl fühlen, uns gut erholen können und es uns leicht fällt aufzutanken.*

Eigene Erfahrungen

~

Dem begrenzten Lebensraum und der Enge der kleinen Welt bin ich immer wieder begegnet. Manchmal stärker, manchmal schwächer nahm ich wahr, dass mich etwas Subtiles umschloss und mein Lebensraum begrenzt ist. Es gab auch Momente, wo ich mich unfrei und vom Leben abgeschnitten fühlte. Da ich die Grenzen nicht zu fassen kriegte und ich nicht verstand, womit die Enge zusammenhängt, ignorierte ich diese. Eine Begegnung, bei der ich ganz direkt mit den Grenzen und der Enge konfrontiert wurde, ereignete sich, als ich dreiundzwanzig Jahre alt war. Ich war alleine zu Hause. Es ging mir nicht gut. Ich fühlte mich einsam, war deprimiert und haderte mit meinem Schicksal. Plötzlich wurde es in mir eng. Ich hatte das Gefühl, von Wänden umschlossen und eingesperrt zu sein. Außerstande zu begreifen, was mit mir geschah, geriet ich in Angst und bekam Panik. Verzweifelt kämpfte ich dagegen an und versuchte mich aus meiner ungemütlichen Lage zu befreien. Doch es ging nicht. Als die unangenehmen Gefühle nachließen und die Enge sich auflöste, war ich froh und erleichtert zugleich. Dieses einschneidende Erlebnis, das ich weder verstehen noch einem bestimmten Ereignis aus meinem Leben zuordnen konnte, ging mir nicht mehr aus dem Kopf.

Jahre später, ich befand mich bereits auf dem spirituellen Weg, tauchten die Grenzen plötzlich wieder auf und bekam ich die Enge zu spüren. Anfänglich erlebte ich das Ganze diffus und verschwommen. Ich hatte den Eindruck, wenig Raum zu haben und von einer zähen, schwer fassbaren Hülle umgeben zu sein. Die Grenzen und die Enge lösten weder Angst noch Panik aus. Vielmehr waren sie unangenehm und lästig. Einem störenden Hindernis gleich, schoben sie sich zwischen mich und die Welt. Sie hinderten mich daran, offen zu sein, den Augenblick zu genießen und mich auf das Leben einzulassen.

Das Meditieren, wozu das ruhige Verweilen in einer vorgegebenen Körperposition und das Entwickeln einer klaren Sichtweise und mitfühlenden Lebenshaltung gehört, war für mich eine große Hilfe. Mit Unterstützung der Meditation gelang es mir, zu entspannen und loszulassen. Ich wurde klarer und das Vollsein im Kopf nahm ab. Mit geschärftem Gewahrsein begann ich meinen inneren Lebensraum gezielt zu untersuchen, dessen Grenzen auszuloten und mich mit seiner Beschaffenheit vertraut zu machen. Dies führte dazu, dass der innere Raum sich öffnete, ich mich ausdehnen konnte und Platz bekam. In mir wurde es weit und hell. Die Gegenwart, die ich manchmal aus Distanz und wie durch einen Schleier wahrnahm, begann immer deutlicher hervorzutreten. Das Leben wurde intensiver und voller, der Alltag leichter und reicher. Die Lebensenergien nahmen zu und das ungute Gefühl, etwas Wichtiges zu verpassen und nicht am Leben teilzuhaben, verschwand. Zum ersten

Mal verstand ich auch, worin die Gefühle des Abgeschnitten- und Unfreiseins, die ich weder fassen noch einordnen konnte, gründeten.

Das Vertrautwerden mit dem vom Ego geschaffenen engen Lebensraum war unglaublich befreiend. Es markierte einen Wendepunkt. Ich nahm Abschied von einer kleinen Welt, an die ich mich gewöhnt und in der ich so viele Jahre verbracht hatte. Mein Blick weitete sich. Ich begann mich neu auszurichten und das Leben mit anderen Augen zu betrachten. Statt nur Teilaspekte zu sehen, begann ich die größeren Zusammenhänge zu entdecken. Statt mich immer wieder in dieselben Dramen zu verstricken, begann ich mich dem Wesentlichen, dem Herzen, zuzuwenden. Dabei wurde mir bewusst, dass die Grenzen, die meinen Lebensraum umschlossen und mich in der kleinen Welt des denkenden Geistes gefangen hielten, meine Sicht versperrten und der volle Kopf, der mich nicht zur Ruhe kommen ließ, die innere Quelle zudeckte.

3

~

UNSTILLBARE SEHNSUCHT

Theresa ist ausgebildete Klavierlehrerin und arbeitet am Konservatorium, wo sie Kinder und Erwachsene unterrichtet. Da sie gerne mit anderen Musikern zusammenspielt, ist sie auch in einem Orchester tätig. Die Freude an der Musik erwachte in ihrer Kindheit. Ihre Eltern spielten kein Instrument. Zu Hause wurde nur selten Musik gehört. Als Theresa den Wunsch äußerte, dass sie gerne Klavier spielen lernen möchte, unterstützten ihre Eltern sie dabei. Mit viel Geschick und großer Leidenschaft ging sie ans Werk. Ihren Eltern wurde schnell klar, dass Theresa nicht nur motiviert, sondern auch begabt ist. Um sie zu fördern, wurde eine Lehrerin gesucht, die darin ausgebildet war, mit jungen Talenten zu arbeiten.

Theresa verbrachte Stunden am Klavier. Während des Spielens tauchte sie in eine Welt ein, in der sie sich erfüllt und glücklich fühlte. Oft war sie so ins Spielen versunken, dass sie vergaß, hinauszugehen und mit den anderen Kindern zu spielen. Nach Beendigung der Schule besuchte Theresa das Konservatorium und schloss dieses mit dem Konzertdiplom ab. Um sich weiterzubilden, ging sie ins Ausland. Theresa studierte an einer renommierten Musikhochschule, wo sie die Möglichkeit hatte, mit namhaften Pianisten und Pianistinnen zusammenzuarbeiten. Fünf Jahre verbrachte Theresa im Ausland. Danach kehrte sie zurück und ließ sich am Konservatorium als Klavierlehrerin anstellen.

Während eines Konzertes lernte Theresa Martin kennen. Martin und Theresa verliebten sich ineinander und wurden ein Paar. Martin ist vier Jahre jünger als sie. Er arbeitet als Mittelschullehrer. Martin spielt kein Instrument, hört aber gerne klassische Musik. Im Gegensatz zu Theresa, die meistens alleine etwas unternahm und wenig Freunde hatte, ist Martin sozial aktiv und hat einen großen Freundeskreis. Martin ist gerne draußen in der Natur. Im Sommer macht er regelmäßig mehrtägige Wanderungen und im Winter Skitouren. Von seiner Freude an der Natur angesteckt, begann Theresa das Wandern zu entdecken.

Da Martin und Theresa spürten, dass sie zusammengehörten, heirateten sie. Für Theresa ging ein inniger Wunsch in Erfüllung. Sie hatte nie die Absicht gehabt, alleine zu leben, sondern wollte den Alltag mit einem Partner teilen. Das Zusammensein mit Martin war spannend und bereichernd. Mit ihm konnte sie herumalbern und lachen, über den Berufsalltag sprechen und ernsthafte Themen diskutieren. Von Martin fühlte sich Theresa geliebt und als Person, wie sie war, geschätzt. Sie erhielt Anteilnahme und Unterstützung, wenn sie Schwierigkeiten hatte, und Zuwendung und Trost, wenn sie sich aufgewühlt oder traurig fühlte.

Obwohl es in ihrem Leben rund lief und Theresa hatte, was sie sich wünschte, begann sie sich ein Jahr nach der Hochzeit unwohl zu fühlen. Theresa versuchte das Unwohlsein zu ignorieren. Längere Zeit ging dies gut. Nach einer Grippe, die sie körperlich schwächte, wurde das Unwohlsein stärker und es machte sich ein flaues Gefühl im Magen breit. Mit dem flauen Gefühl einher ging eine seltsame Sehnsucht. Theresa war verunsichert und begann sich Sorgen zu machen. Es machte ihr zu schaffen, dass sie nicht verstehen konnte, was das Unwohlsein zu bedeuten hatte und womit das flaue Gefühl und die Sehnsucht zusammenhingen. Da sich ihr Zustand nicht besserte, geriet sie in eine wachsende innere Anspannung. Nachts wachte sie häufig auf und schlief schlecht. Sie war unruhig und hatte unangenehme Träume. Aus einem Traum, den sie mehrere Male hatte, erwachte sie voller Angst und mit klopfendem Herzen. Theresa träumte, dass sie umherirrte und verzweifelt nach et-

was suchte, das sie verloren hatte und trotz großer Anstrengungen nicht finden konnte. Am Morgen fühlte sie sich erschöpft und gerädert. Ihr Körper war schwer. Sie hatte Mühe, sich bei der Arbeit zu konzentrieren und mit dem Kopf bei der Sache zu sein. Theresa, die für ihre nette und freundliche Art allseits geschätzt wurde, war ungeduldig und verlor schnell die Fassung.

Theresa war durcheinander und aufgewühlt. Sie wusste nicht, was mit ihr los war. Sie hatte Schuldgefühle und machte sich wegen ihrer Ungeduld und Gereiztheit Vorwürfe. Martin, der wahrnahm, dass es ihr nicht gut ging, versuchte sie zu beruhigen und damit zu trösten, dass das Ganze eine vorübergehende Phase, eine kleine Krise sei, mehr nicht. Da Theresa nicht mehr dieselbe war und ihr Leiden nicht aufhörte, begann auch er sich Sorgen zu machen. Theresa, die dies spürte, bekam Angst. Sie befürchtete, Martin könnte alles zu viel werden und sich von ihr abwenden. Statt loslassen und entspannen zu können, nahm der psychische Druck zu und wurde die Anspannung tiefer. Theresa war verzweifelt und wusste weder ein noch aus. Die große seelische Not und die Ausweglosigkeit ihrer Lage bewogen sie, professionelle Hilfe in Anspruch zu nehmen.

Obwohl es sie Überwindung kostete, in die Psychotherapie zu gehen, war sie dankbar und erleichtert, eine kompetente Fachperson zur Seite zu haben, die sie ernst nahm und auf einfühlsame Weise durch die Krise führte. Zu Beginn der Psychotherapie ging es darum, eine Standortbestimmung vorzunehmen, um herauszufinden, wo genau sie im Leben stand und was die Ursachen ihrer Schwierigkeiten waren. Schnell wurde klar, dass Theresa Mühe hatte loszulassen und es ihr schwerfiel, sich mit den unangenehmen Seiten des Lebens zu befassen. Tauchten Schwierigkeiten auf, fiel sie in ein altes Muster: Sie wollte aufgeben und sich zurückziehen. Sie wollte von allem nichts wissen und sich in eine Traumwelt flüchten. Nach zähem Ringen gelang es ihr, das alte Muster aufzugeben und die Widerstände loszulassen. Behutsam begann sich Theresa zu öffnen und auf die Schwierigkeiten und deren Ursachen einzulassen.

Theresa erkannte, dass das Unwohlsein, das flaue Gefühl im Magen und die Sehnsucht mit ihrer Geschichte zu tun hatten. Theresa war ein Einzelkind. Sie genoss zwar viele Freiheiten, die Erwartungen und der Druck seitens ihrer Eltern waren jedoch hoch. Aufgewachsen in einfachen Verhältnissen, konnten ihre Eltern nach dem Schulabschluss keine Ausbildung machen. Sie mussten ihr Dorf in den Bergen verlassen und auf der Suche nach Arbeit in die Großstadt ziehen. Nach harten und entbehrungsreichen Jahren schafften sie es, sich hochzuarbeiten, und konnten die Reinigungsfirma, in der sie arbeiteten, übernehmen. Um Theresa das Schicksal, das sie durchmachen mussten, zu ersparen, setzten sie alles daran, dass Theresa gut in der Schule war. Theresa ging gerne zur Schule und lernte fleißig. Die hohen Erwartungen und der Leistungsdruck wurden für sie jedoch eine zu große Last. Theresa begann sich zu verkrampfen und entwickelte Lernschwierigkeiten. Als ihre Eltern mit den Schulproblemen ihrer Tochter konfrontiert wurden, waren sie fassungslos und erschüttert. Sie, die alles gaben und nur das Beste für ihr Kind wollten, verstanden die Welt nicht mehr. Zu Hause gab nur noch ein Thema: Theresas Schulprobleme.

Theresa litt darunter, dass sie ihre Eltern, die es gut mit ihr meinten, enttäuschte und mit ihren Schulproblemen belastete. Sie entwickelte Versagerängste und bekam Schuldgefühle. Sie hatte Alpträume und wachte nachts wiederholt schweißgebadet auf. Sie nahm sich zusammen und versuchte ihre große seelische Not, die in der Familie keinen Platz hatte, zu verdrängen. Ihr Lebensraum wurde immer enger und ihre Welt immer kleiner. Wiederholt hatte sie das Gefühl, eingesperrt und gefangen zu sein. Der einzige Ort, wo sie loslassen konnte und sich unbeschwert fühlte, war beim Klavierspielen. Während des Spielens konnte sie entspannen. Sie vergaß die Probleme und war frei und glücklich. Mit Fleiß und Unterstützung einer externen Lernhilfe schaffte es Theresa, den Knopf zu lösen und die Schulschwierigkeiten zu überwinden. Bald schon hatte sie wieder Erfolg in der Schule und brachte gute Noten nach Hause. Die Eltern waren erleichtert und die Situation zu Hause entspannte sich.

Die Auseinandersetzung mit diesem Teil ihrer Geschichte, den sie vollständig ausgeblendet hatte, war wichtig und heilsam. Das Unwohlsein verschwand und das flaue Gefühl im Magen löste sich auf. Die Sehnsucht, die mit dem Wunsch nach Unbeschwertheit und Lebendigkeit zu tun hatte und durch den Druck und die Enge verursacht wurde, verblasste. Die Unruhe verschwand und die Anspannung legte sich. Nachts konnte Theresa wieder problemlos durchschlafen und hatte keine Alpträume mehr. Morgens wachte sie ausgeruht und erholt auf. Sie hatte Kraft für den Alltag und das Leben bereitete ihr wieder Freude. Beim Unterrichten mit den Schülern war sie geduldig und auf Störungen reagierte sie gelassen.

Zwei Jahre lang ging es Theresa gut. Dann, nach einer strengen Arbeitsphase, tauchte das Unwohlsein wieder auf. Theresa war überrascht, denn sie war der Überzeugung, den Ursprung des Unwohlseins erkannt und dieses vollständig aufgelöst zu haben. Erneut bekam sie ein flaues Gefühl im Magen und spürte eine Sehnsucht. Anders als beim letzten Mal wurde die Sehnsucht stärker und nahm viel Raum ein. Ob dies ein Spaziergang im Wald, der Anblick eines Gemäldes oder ein klassisches Musikstück war, es gab kaum einen Ort oder eine Situation, in der sie die Sehnsucht nicht spürte. Theresa konnte nicht verstehen, was die Sehnsucht, die für sie keinen Sinn machte, zu bedeuten hatte. Sie hatte alles, was sie sich wünschte und für ein glückliches Leben brauchte. Sie hatte eine Arbeit, die sie erfüllte. Sie hatte gute Freunde, mit denen sie gerne Zeit verbrachte. Sie war gesund und hatte einen Partner, der sie liebte.

Theresa war unschlüssig, was sie tun und wie sie weiter vorgehen sollte. Eines jedoch wusste sie: Die Sehnsucht hatte nichts mit ihrer Vergangenheit, dem Beruf, den Freunden, den Hobbys oder dem Partner zu tun. Womit diese zusammenhing und was deren Ursprung war, das konnte sie nicht sagen. Die Sehnsucht, und dies verwirrte sie, veränderte sich laufend und sie kriegte sie nicht zu fassen. Manchmal war sie stark und heftig. Dann spürte Theresa ein starkes Ziehen in der Brust und erlebte

Hitzegefühle im Körper. Dann wieder war die Sehnsucht schwach und fein und löste keine besonderen körperlichen Empfindungen aus. Wenn Theresa entspannt war und sich glücklich und frei fühlte, wie beim Klavierspielen, existierte die Sehnsucht nicht. Dass die Sehnsucht wichtig war und ihr den Weg zu etwas Kostbarem wies, dies begann Theresa immer deutlicher zu erkennen. Was genau dieses Etwas war, konnte sie nicht sagen, begann aber zu erahnen, womit die Sehnsucht zusammenhing.

MERKMALE DER UNSTILLBAREN SEHNSUCHT

~

Wenn wir nach einem langen, ereignisreichen Arbeitstag nach Hause kommen, sehnen wir uns nach Ruhe und Erholung. Wenn wir alleine leben, sehnen wir uns nach Gesellschaft und Kontakt. Wenn wir zu den stressgeplagten Eltern gehören, sehnen wir uns nach einem Wochenende ohne Pflichten und Störungen. Diese Sehnsüchte lösen sich auf, sobald sie befriedigt werden. Die Sehnsucht nach Ruhe und Erholung verschwindet, wenn wir Zeit haben und entspannen und abschalten können. Die Sehnsucht nach Gesellschaft und Kontakt hört auf, wenn wir andere Menschen treffen und mit diesen in Beziehung treten. Die Sehnsucht der gestressten Eltern unter uns erlischt, wenn wir ein kinderfreies Wochenende haben, wir nichts tun müssen und endlich dazu kommen, das angefangene Buch in aller Ruhe fertig zu lesen.

Mit der unstillbaren Sehnsucht verhält es sich ganz anders. Diese kann weder durch Zeit, Ruhe, Erholung, Sport, Kontakt, Geld, Erfolg, Macht oder besondere Tätigkeiten erfüllt und aufgelöst werden. Wir können viel Zeit haben, uns viel Ruhe gönnen, erholsame Ferien genießen, in Saus und Braus leben, uns sexuell austoben oder mit anderen Menschen zusammen sein, auf die unstillbare Sehnsucht hat dies keinen Einfluss.

Wir können den höchsten Berg der Welt erklimmen, mit einem Kamel die Wüste durchqueren, in die Tiefen der Meere abtauchen oder mit einem Raumschiff durchs Weltall fliegen, die unstillbare Sehnsucht hört nicht auf. Die unstillbare Sehnsucht hat nichts mit dem Körper, dem Verstande, den Emotionen, Beziehungen oder der Umwelt zu tun. Die unstillbare Sehnsucht gehört in keine dieser Bereiche. Sie entspringt einem anderen Ort. Um die unstillbare Sehnsucht aufzulösen, müssen wir uns mit ihr vertraut machen und ergründen, womit sie zusammenhängt und wo ihr Ursprung liegt.

Wodurch zeichnet sich die unstillbare Sehnsucht aus? Was sind ihre Merkmale? Wie können wir sie erkennen? Die unstillbare Sehnsucht ist eine energetische Erscheinung. Sie taucht an der Schnittstelle auf, wo das Fassbare auf das Unfassbare trifft und das Manifeste dem Unmanifesten begegnet. Die unstillbare Sehnsucht kann sehr unterschiedliche Formen annehmen und sich auf vielerlei Weise bemerkbar machen. Meistens wird sie zuerst im Brustbereich erlebt, als feines Ziehen oder zartes Zerren. Das Ziehen und Zerren weitet sich aus und kann zu einer kraftvollen Erscheinung werden. Begleitet wird diese oft von Wärme- oder Hitzeempfindungen und intensiven Emotionen. Im Kopf führt das Auftauchen der unstillbaren Sehnsucht zu einer Flut von Gedanken und Bildern, die einen aufwühlen und mit keinen Ereignissen oder Vorkommnissen aus dem eigenen Leben in Verbindung gebracht werden können. Das Verwirrende an der unstillbaren Sehnsucht ist, dass sie zwar körperlich wahrgenommen wird, jedoch nichts mit dem Körper zu tun hat. Schwierig im Aufspüren der unstillbaren Sehnsucht ist, dass wir diese zu spüren bekommen, wir sie aber nicht als etwas Konkretes zu fassen kriegen.

Um den Hinweis zu verstehen, den die unstillbare Sehnsucht uns geben will, ist es wichtig, dass wir deren Bedeutung verstehen und wir ihren Ursprung kennen. Die unstillbare Sehnsucht ist eine Erscheinung, die dem Herzen entspringt und uns an dessen Existenz erinnert. Weil das Herz unser ständiger Begleiter ist, kann die unstillbare Sehnsucht immer und überall auftauchen. Typischerweise macht sie sich nach einer anstrengenden Tätigkeit, schwierigen Lebensphase, Krise oder einem beglückenden Ereignis bemerkbar. In solchen Zeiten sind wir offen und durchlässig. Das Festhalten und Abwehren ist geschwächt, die Widerstände sind klein. Als kraftvolles Zeichen weist sie uns darauf hin, dass das, wonach wir überall vergebens gesucht haben und nirgends finden konnten, nicht in der Außenwelt liegt, sondern in uns. Als unübersehbarer Wegweiser leitet sie uns an, uns auf das Leben einzulassen, und führt uns dabei zurück zum Ursprung, zur inneren Quelle, zum Herzen.

Denkanstöße:

- *Gab es Momente oder Situationen in deinem Leben, wo du mit einer Sehnsucht konfrontiert wurdest, die du einfach nicht stillen konntest?*
- *Wenn ja, was genau hast du dabei erlebt und wie hat sich das Ganze angefühlt?*
- *Wie bist du mit dieser Sehnsucht umgegangen und wie hast du diese zu befriedigen versucht?*
- *Mit welchen Ereignissen oder Vorkommnissen aus deinem Leben hast du diese in Verbindung gebracht?*
- *Hat sich diese aufgelöst oder taucht sie immer wieder auf?*

Eigene Erfahrungen

~

Als ich klein war, gab es für mich kein Suchen und existierte die unstillbare Sehnsucht nicht. Ich hatte Bedürfnisse wie das Bedürfnis nach Kontakt, Wärme, Geborgenheit, Schutz und Liebe. Die unstillbare Sehnsucht tauchte auf, als ich begann, den Bezug zu mir, genauer zum Herzen, zu verlieren. Erste Anzeichen der unstillbaren Sehnsucht machten sich in der Vorschulzeit bemerkbar. Obwohl mich weder emotionale Störungen noch körperliche Beschwerden plagten, beschlich mich immer wieder ein seltsames Unwohlsein. Aus dem Unwohlsein entwickelte sich das ungute Gefühl, heimatlos zu sein und nicht zu dieser Welt zu gehören. In meiner Brust hinterließen diese Gefühle stets einen feinen, ziehenden Schmerz. Obwohl ich mich dafür schämte, hatte ich wiederholt den Eindruck, dass die Familie, in der ich lebte, nicht meine richtige ist. Meine wirklichen Eltern waren anderweitig beschäftigt und hatten mich nur vorübergehend hier platziert. Bald schon, so meine Überzeugung und Hoffnung, würden sie kommen und mich für immer heimholen.

Als ich älter wurde, nahm die unstillbare Sehnsucht zu. In der Pubertät richtete sich diese auf das andere Geschlecht. Ich träumte davon, eine junge Frau oder besser eine Prinzessin zu finden, die alle meine Wünsche von meinen Augen ablesen und erfüllen würde. Durch nichts und niemanden gestört, würde ich mit ihr in Frieden leben und für immer glücklich sein. Die Realität sah anders aus. Verschiedene Male wurde ich von dem Mädchen, das ich begehrte, zurückgewiesen und wurde meine Sehnsucht nach Kontakt, Nähe und Liebe nicht erwidert. Schmerzhaft war nicht nur die Zurückweisung, vor der ich mich stets fürchtete, sondern auch das Gefühl, dass das Glück und die Liebe, nach denen ich mich sehnte, außerhalb von mir lagen und ich diese trotz großer Anstrengung nicht finden konnte.

Als ich siebenundzwanzig Jahre alt war, begann ich eine Ausbildung in körperorientierter Psychotherapie. Insgeheim hoffte ich, dass diese Methode mir ermöglichen würde, alles Störende und alle Schwierigkeiten ein für alle Mal auszuräumen, und ich in einen Zustand frei von Angst und Schmerz gelangen würde. Obwohl ich tiefe Erfahrungen machte und bedeutsame Einsichten gewann, gingen die Ängste und Schmerzen nicht weg. Auch konnte ich weder die Erfüllung noch das Glück finden. Der Prozess, der durch die Psychotherapie in Gang kam, war dennoch wichtig. Er ermöglichte mir, alte Muster aufzugeben, Widerstände abzubauen und mein Leben aufzuräumen. Er half mir, mich zu öffnen und mich für das zu sensibilisieren, was in meinem Inneren geschah. Verschiedene Male erlebte ich in der Psychotherapie, wie es in meinem Kopf aufhörte zu denken, ich in mein Herz sank und außer einer unbeschreiblichen Stille und einem großen Frieden nichts existierte. Diese Erfahrungen waren wegweisend. Ich begann zu erkennen, dass das, wonach ich suchte und nirgends finden konnte, nicht in der Außenwelt sondern in mir liegt. Darüber hinaus zeigten sie mir auf, dass ich auf dem richtigen Weg war und ich dem, was ich intuitiv wahrnahm, vertrauen konnte.

Vom Wunsch beseelt, dem Gesuchten näher zu kommen und meine innere Heimat wieder zu finden, wandte ich mich der Spiritualität zu. Zu Beginn hatte die Spiritualität, worunter die Verbindung zum Transzendenten oder Göttlichen verstanden wird, für mich etwas Geheimnisvolles und Mystisches. Ich war beeindruckt von dem, was ich hörte, und fasziniert von dem, was ich las. Insgeheim erwartete ich große Wunder. Ich malte mir aus, dass ich mit Unterstützung spezieller Übungen in einen paradiesähnlichen Zustand gelangen könnte. Die unstillbare Sehnsucht, welche mich nicht nur in die Psychotherapie, sondern auch in die Spiritualität führte, war inzwischen derart stark geworden, dass ich befürchtete, von deren unbändigen Kraft aufgezehrt zu werden. Erst als ich aufhörte, nach dem Außerordentlichen und Geheimnisvollen zu suchen, alle Erwartungen und Wünsche losließ, kam ich zur Ruhe und erlosch die unstillbare Sehnsucht. Besonders hilfreich war für mich die spirituelle Praxis. Mit Unterstützung der Meditation gelang es mir, mein Festhalten zu lockern und innerlich Raum zu schaffen. Ich begann, die Vielschichtigkeit und Tiefe des Bewusstseins zu ergründen und den Ursprung der unstillbaren Sehnsucht aufzudecken. Damit kam eine lange Reise des Sehnens, Suchens und Hoffens zu Ende. Mein Herz, das zugeschüttet gewesen war, trat hervor und wurde zu dem, was es ist: meine Quelle, meine Bestimmung und meine Heimat.

4

~

DIE KRAFT DES HERZENS

Seit zwanzig Jahren ist Erwin mit Doris, seiner Jugendliebe, verheiratet. Gemeinsam mit den beiden Töchtern, die das Gymnasium besuchen, bewohnen sie ein umgebautes Bauernhaus. Erwin ist ein ausgesprochener Familienmensch. Er genießt es, mit seiner Frau und den Kindern zusammen zu sein, für sie zu kochen und über aktuelle Tagesthemen zu diskutieren. Von Beruf ist Erwin Arzt. Er hat eine Praxis für Allgemeinmedizin. Obwohl er viel arbeitet und seine Patienten und deren Probleme ihn fordern, macht er seine Arbeit gerne. Neben der Familie und der Arbeit sind ihm auch seine Hobbys wichtig. Sie dienen ihm als Erholung und Ausgleich. Sein liebstes Hobby ist der Blumengarten. Nach einem langen Tag in der Praxis freut sich Erwin darauf, hinauszugehen, nach den Blumen zu schauen und Zeit im Garten zu verbringen. Wenn er draußen ist, geht es ihm gut. Umgeben von den Blumen kann er abschalten, den Alltagsstress loslassen und Energie tanken.

Erwin hat zwei jüngere Schwestern und wuchs in einem kleinen Dorf auf dem Lande auf. Die Mutter kümmerte sich um den Haushalt und die Erziehung der Kinder. Der Vater, der auf einer Bank arbeitete, brachte das Geld nach Hause. Erwin war ein unauffälliges Kind. Er hatte Freunde und war allseits beliebt. Erwin ging gerne zur Schule und bewältigte den Schulstoff, ohne sich groß anstrengen zu müssen. Ihm war schon früh klar, dass er einmal studieren und Arzt werden wollte. In der Pubertät geriet er in eine Krise. Er fühlte sich unwohl in seiner Haut und wurde für seine Nächsten unbequem. Er hatte Streit mit seinen Geschwistern und hielt sich nicht an Abmachungen. Seine Eltern, die ihn so nicht kannten, tolerierten sein Verhalten in keiner Weise. Statt auf ihn einzugehen und zu versuchen, seine Beweggründe zu verstehen, reagierten sie mit Strenge und Härte. Erwin, der sich im Umbruch befand und mit dem Leben haderte, hatte nie die Absicht gehabt, Probleme zu machen und Regeln zu brechen. Da der Druck seitens seiner Eltern groß war und er für sein unangepasstes Verhalten bestraft wurde, nahm sich Erwin zusammen und schaffte es schließlich, keine Schwierigkeiten mehr zu machen.

Als seine ältere Tochter das Alter erreichte, in dem er selbst als Pubertierender Probleme gehabt hatte, geriet Erwin völlig überraschend in eine Krise. Unangenehme Gefühle, seltsame Empfindungen und schmerzhafte Erinnerungen tauchten auf. In seiner Brust machte sich eine Enge breit. Erwin war angespannt und blockiert. Er fühlte sich gestresst und hatte oft Kopfschmerzen. Es fiel ihm schwer, abzuschalten und zur Ruhe zu kommen. Obwohl er versuchte, sich abzulenken, und er sich viel im Garten aufhielt, gelang es ihm weder zu entspannen noch gingen die unangenehmen Gefühle, seltsamen Empfindungen und schmerzhaften Erinnerungen weg. Da sein Zustand ihn belastete und er befürchtete, den Boden unter den Füßen zu verlieren, begab er sich in Psychotherapie.

Gemeinsam mit seinem Psychotherapeuten suchte Erwin nach den Ursachen seiner Schwierigkeiten. Er durchforschte sein Leben und stieß dabei auf die Pubertät. In dieser Zeit war in ihm etwas aufgebrochen, worüber er keine Kontrolle hatte. Erwin war durcheinander und hatte Angst, den Halt im Leben zu verlieren. Seine Angst und Not bewirkten, dass er gereizt war und sich unangepasst verhielt. Da er mit niemandem über seine Schwierigkeiten sprechen konnte und sein Umfeld sein Verhalten nicht tolerierte, nahm er sich zusammen und verschloss sich. Die Probleme hörten zwar auf, doch Erwin bezahlte einen hohen Preis da-

für. Innerlich stand er unter Druck und war angespannt. Er fühlte sich unsicher und ängstlich. Um im Alltag bestehen zu können, wurde er hart und mit sich selber streng. Er erfüllte die an ihn gestellten Erwartungen und ging scheinbar problemlos durchs Leben. Dass er den Bezug zu sich selber verlor und sich nicht mehr spüren konnte, realisierte er nicht.

Mit therapeutischer Unterstützung gelang es Erwin, die Erlebnisse der Pubertät zu klären und die Gefühle, welche ihn damals quälten und er zurückhalten musste, auszudrücken. Von den Fesseln der Vergangenheit und der Last der Schuldgefühle, die er aufgrund seiner Schwierigkeiten entwickelte, befreit, konnte Erwin loslassen. Die Enge in der Brust lockerte sich und er bekam mehr Raum zum Leben. Die Spannungen ließen nach und die Kopfschmerzen hörten auf. Die unangenehmen Gedanken und angstbesetzten Gefühle verschwanden. Erwin wurde ruhig und fühlte sich wieder wohl in seiner Haut. Das Selbstvertrauen, das ihm in der Krise abhanden gekommen war, kehrte zurück, ebenso die Lebensfreude. Die Strenge und Härte, die er sich in der Kindheit zugelegt hatte, begann aufzuweichen. Erwin wurde offener und großzügiger. Er konnte sich selber besser spüren, und es fiel ihm leichter, sich auf das Leben einzulassen.

Erwin, der den Wunsch hatte, sein Leben aufzuräumen, kontaktierte seine Eltern, um mit ihnen über die Pubertät, ganz besonders über seine damaligen Schwierigkeiten zu sprechen. Seine Mutter und sein Vater waren gar nicht erfreut über das, was sie zu hören bekamen. Sie zeigten wenig Verständnis für die Probleme, unter denen er in der Pubertät zu leiden hatte. Sie fühlten sich persönlich angegriffen und in ihrer Rolle als Eltern in Frage gestellt. Sie reagierten abweisend und verteidigten sich. Ihr Verhalten von damals rechtfertigten sie damit, dass sie in großer Sorge waren und ihm nur helfen wollten. Das Gespräch war schwierig. Es führte nicht zu der erhofften Klärung. Erwin fühlte sich weder verstanden noch wahrgenommen. Dennoch war er froh und erleichtert, dass er, statt dem heiklen Thema auszuweichen, den Mut gehabt hatte, seine Eltern zu treffen, und er sich mit ihnen auseinandersetzte.

Drei Jahre lang ging es Erwin gut. Er war entspannt und fühlte sich lebendig. Dann, an einem verregneten Mittwochnachmittag, wurde sein Leben jäh erschüttert. Seine jüngere Tochter hatte einen Verkehrsunfall mit dem Fahrrad. Auf dem Nachhauseweg wurde sie von einem Auto angefahren und schwer verletzt. Sie wurde ins Spital gebracht und musste notfallmäßig operiert werden. Als Erwin vom Unfall erfuhr, ließ er alles stehen und liegen und eilte ins Spital. Seine Tochter war auf der Intensivstation, lag im Koma und befand sich in einem kritischen Zustand. Erwin verbrachte den ganzen Nachmittag und die ganze Nacht neben ihr am Bett. Wenn er seine Tochter anschaute, die regungslos neben ihm lag, spürte er nichts außer Schmerz, Verzweiflung und Trauer. Erwin erlebte den schlimmsten Augenblick seines Lebens. Er versuchte sich zusammenzunehmen und mit seinem medizinischen Fachwissen zu beruhigen. Er redete sich gut zu und versuchte sich mit schönen Gedanken zu trösten. Es half alles nichts. Seine Not wurde tiefer und seine Verzweiflung größer. Erwin wusste weder ein noch aus. In dieser schweren Stunde besann er sich plötzlich auf Gott. Erwin, der mit der Religion nichts anzufangen wusste und seit seiner Kindheit nie mehr in der Kirche gewesen war, begann zu beten. Aus der Tiefe seines Herzen bat er um Unterstützung und flehte um Hilfe.

Je länger die Nacht dauerte, desto mehr begann sich sein Zustand zu ändern. Der Schmerz, die Verzweiflung und die Trauer ließen nach. Erwin begann das Gefühl für Raum und Zeit zu verlieren. Das Leben erschien ihm plötzlich nicht mehr fest und solide, sondern fragil und zerbrechlich. Plötzlich gab es einen Ruck und die ihm vertraute Welt zerbarst in tausend Stücke. Außer Stille, Frieden und einem Strahlen, das alles erfasste und in seinen Bann zog, blieb nichts übrig. Der seelische Schmerz, die Sorgen um seine Tochter und die angstvollen Gefühle, sie waren alle weg. Regungslos saß Erwin auf dem Stuhl neben dem Bett und war sprachlos. Nach einer Weile, die ihm wie die Ewigkeit vorkam, versuchte er zu verstehen, was geschehen war, doch es ging nicht. Sein Kopf arbeitete nicht wie gewohnt. Erwin brauchte längere Zeit, um sich zurechtzufinden und die Fassung wieder zu erlangen. Als es draußen dämmerte und der

Morgen anbrach, verließ er müde und von Dankbarkeit erfüllt das Spital. Tief berührt und seltsam glücklich ging er nach Hause, um mit seiner Frau über alles zu sprechen und ausgiebig zu schlafen.

Seine Tochter erholte sich gut von der Operation und dem Unfall. Fünf Wochen später konnte sie das Spital verlassen. Erwin selber ging das Erlebnis am Bett seiner Tochter nicht mehr aus dem Kopf. In dieser Nacht war mit ihm etwas Außerordentliches geschehen. Er hatte etwas berührt, das er weder fassen noch verstehen konnte. Was das Ganze zu bedeuten hatte und womit es zusammenhing, wusste er nicht. Er stand vor einem Rätsel. Insgeheim hoffte er, dass dieser Zustand erneut auftauchen und die Stille, der Frieden und das Strahlen, die er im Spital erlebt hatte, zurückkommen würden. Dies war jedoch nicht der Fall, was er sehr bedauerte.

Während eines Besuches bei einem guten Freund fiel Erwin ein Magazin in die Hände, das mystische und spirituelle Themen zum Inhalt hatte. Er blätterte darin und stieß auf einen Artikel, in dem Personen über veränderte Bewusstseinszustände berichteten. Sie schilderten, wie die Dimension von Raum und Zeit sich auflöste, die ihnen vertraute Alltagswirklichkeit auseinanderbrach, Stille und Frieden einkehrte und die ganze Welt hell erstrahlte. Die meisten Personen erlebten diese Zustände nach einem Unfall oder während einer seelischen Krise und waren weder an der Mystik noch der Spiritualität interessiert. Das Ganze hatte für die meisten eine nachhaltige Wirkung und leitete einen Wandel ein. Sie begannen ihr Leben neu auszurichten und die Prioritäten anders zu setzen. Nicht mehr der Beruf und die Karriere standen im Vordergrund, sondern die Gesundheit, das Wohlergehen und die Menschen, mit denen sie zusammen waren. Was Erwin las, faszinierte und bewegte ihn. Im Artikel fand er eine Beschreibung dessen, was er im Spital erlebt hatte und ihn nicht mehr losließ.

Der veränderte Bewusstseinszustand, die Stille, der Frieden und das Strahlen waren Erwin nicht gänzlich unvertraut. Diesem war er früher schon begegnet, hauptsächlich draußen in der offenen Weite der Natur. Auch gab es Begegnungen mit anderen Menschen, die ihn in der Tiefe des Herzens berührten und in ihm Gefühle einer ähnlichen Qualität auslösten. Das Erlebnis im Spital war jedoch viel tiefer und viel umfassender. Erwin war bewusst, dass er etwas sehr Kostbares berührt hatte und er auf etwas Grundlegendes gestoßen war. Wie er vorgehen musste, um dieses wieder zu finden, das wusste er nicht.

WIE SICH DAS HERZ GEHÖR VERSCHAFFT

~

Was genau ist im Spital mit Erwin geschehen? Womit hängt das Ganze zusammen? Und was ist die tiefere Bedeutung des Erlebten? Am Bett seiner Tochter wurde sein Leben jäh erschüttert. Erwin wurde von Gedanken, Gefühlen und Empfindungen überflutet. Alle Versuche, Ruhe zu bewahren und den Ansturm der Gedanken und Gefühle abzuwehren, schlugen fehl. Das Erlebte war derart dicht und die Gedanken und Gefühle waren derart heftig, dass die ihm vertraute Welt auseinanderbrach und der Lebensraum sich öffnete. Das Herz, das zugeschüttet gewesen war, bekam Platz und begann hervorzutreten. Es entfaltete seine ganze Kraft und zog alles in seinen Bann. Außer Stille, Frieden, einem hellen Strahlen und tiefen Glücksgefühl blieb nichts übrig.

Obwohl wir dies meistens nicht wahrnehmen, ist das Herz ständig mit uns und macht kraft seiner Ausstrahlung auf sich aufmerksam. Mit einem vollen Kopf und in einer kleinen, von Grenzen umgebenen Welt lebend, haben wir das Herz vergessen und hören seinen Ruf nicht. Tagaus, tagein, Woche für Woche, Monat für Monat, Jahr für Jahr geht dies so. Das Herz macht sich bemerkbar und versucht sich Gehör zu verschaffen. Wir sind beschäftigt und im Stress und nehmen nichts wahr. Das Herz ist unermüdlich und gibt nicht auf. Es macht so lange auf sich aufmerksam, bis wir seinen Ruf hören, innehalten und uns auf dieses einlassen.

Wie aber macht sich das Herz bemerkbar und versucht es, sich Gehör zu verschaffen? Dies kann sanft und ruhig geschehen wie während eines Konzertes, dessen Klänge uns den ganzen Lebensstress vergessen lassen, oder eines Ausflugs an einen beschaulichen See, wo wir eins mit der Natur sind. Es kann beglückend erfolgen wie bei einer neuen Beziehung, die uns mit Liebe erfüllt, oder der Geburt eines Kindes, dessen Anblick unsere Freude ins Unermessliche steigen lässt. Es kann heftig vonstattengehen wie bei einem Unfall, bei dem wir mit der Vergänglichkeit des Daseins konfrontiert wurden und wir dankbar sind, noch am Leben zu sein. Es kann überraschend passieren wie bei einer Krankheit, die uns zwingt, eine Pause einzulegen und uns nicht mehr wie gewohnt weiterleben lässt. Das Herz kann auch ganz unspektakulär auf sich aufmerksam machen. Hierzu gehören all jene Alltagssituationen, in denen wir innehalten und uns die Absurdität unserer Lebensweise bewusst wird. Statt uns über die Verspätung des Zuges zu ärgern oder angesichts des Computerabsturzes zu verzweifeln, müssen wir plötzlich herzhaft lachen und erleben das Ganze nicht als Drama, sondern als Witz.

Das Herz kann sich zu jedem Zeitpunkt Gehör verschaffen und uns kraft seiner Ausstrahlung an jedem Ort erreichen: beim Einkaufen im Supermarkt, auf der Fahrt in die Ferien, während eines gemütlichen Abendessens mit Freunden, beim Besuch einer verrauchten Bar, in der totalen Langeweile, auf einem ausgedehnten Spaziergang entlang einem Fluss, im dunkelsten Augenblick unseres Lebens, während eines sexuellen Abenteuers, beim Abwaschen des dreckigen Geschirrs, mitten in einer Meditationssitzung, bei der Arbeit im Büro, auf dem Rundgang durch einen Friedhof, in einer schmerzhaften Beziehungskrise, auf einer schrillen Geburtstagsparty, beim Besuch eines lauten Fußballspieles, während einer politischen Veranstaltung oder der Begegnung mit einer weisen Person.

Eine Geschichte, die den Prozess des Loslassens, der inneren Öffnung und das Hervortreten des Herzens auf eindrückliche Weise veranschaulicht, ist die des verlorenen Sohnes. Mit dem Erbe des Vaters, das dieser ihm auf sein Drängen hin aushändigt, verlässt der Sohn das elterliche Zuhause und zieht in die weite Welt hinaus. Da er viel Geld besitzt, ist er allseits beliebt und hat viele Freunde. Er lebt in Saus und Braus und genießt das Leben in vollen Zügen. Bald schon ist das Geld aufgebraucht und sind seine Taschen leer. Seine Weggefährten wenden sich von ihm ab und lassen ihn alleine zurück. Ohne Hab und Gut muss er unten durch und erlebt schwere Zeiten. Auf sich alleine gestellt, lässt er los und beginnt sich zu öffnen. Er wird empfänglich und nun hört er den Ruf des Herzens. Diesem folgend, macht er sich auf den Weg zurück nach Hause. Bei seiner Ankunft steht sein Vater voller Freude am Tor. Er heißt ihn, den verlorenen Sohn, mit offenen Armen willkommen und nimmt ihn in seinem Hause auf. Er machte eine lange Reise, erlebte die Sonnen- und die Schattenseiten des Lebens, um am Ende wieder dort zu sein, wo er schon immer war: zu Hause.

Denkanstöße:

- *Gab es Erlebnisse oder gibt es Ereignisse, die du nicht verstehen kannst und die mit deiner Alltagswirklichkeit nicht vereinbar sind?*
- *Wenn ja, was hast du erlebt und was war das Besondere daran?*
- *Könnte es sein, dass sich hinter allem, was du tagein, tagaus erfährst, das verbirgt, was ich Herz nenne?*
- *Könnte es gar sein, dass alles, was dir widerfährt und du erlebst, Manifestationen der inneren Quelle sind, welche diese benützt, um auf sich aufmerksam zu machen und sich Gehör zu verschaffen?*
- *Einmal angenommen, dies wäre so, was würde dies für dich bedeuten?*
- *Weiter angenommen, das Herz ist tatsächlich die Quelle, die alles beinhaltet, alles hervorbringt und alles umfasst, was würdest du an deiner Art zu leben ändern?*

Eigene Erfahrungen

~

Als ich klein war, war das Herz meine Zuflucht und mein Zuhause. Es war allgegenwärtig und besaß eine große Strahlkraft. Einem treuen Freund gleich, begleitete es mich auf Schritt und Tritt und führte mich sicher durch den Alltag. Auf das Herz bezogen lebte ich in der Gegenwart und erfreute mich an dem, was das Leben mir bot. Ich war sicher in der Welt aufgehoben und fühlte mich glücklich und frei. Etwas, das ich als meine Persönlichkeit, als meine Identität betrachtete, die ich abzusichern und zu schützen hatte, gab es nicht.

Als ich älter wurde und der denkende Geist überhandnahm, verlor ich den Bezug zur inneren Quelle und geriet das Herz in Vergessenheit. Es versuchte sich immer wieder Gehör zu verschaffen, doch ich nahm nichts davon wahr. Anfänglich waren die Rufe des Herzens subtil und fein. Sie traten in Form von leichten emotionalen Störungen und körperlichem Unwohlsein auf. Da ich nichts mit den Störungen und dem Unwohlsein anzufangen wusste, ignorierte ich sie. Lange Jahre ging dies gut. Dann bekam ich Kopfschmerzen. Ich war gezwungen, Pausen einzulegen, und musste mich ausruhen. Später, in der Pubertät, hatte ich wiederholt Verlassenheitsängste, die von Magenbeschwerden begleitet wurden. Weil diese nicht weggingen, kontaktierte ich meinen Hausarzt. Dieser meinte, meine Magenbeschwerden seien entwicklungsbedingt und würden sich von selber auflösen.

Hart und schmerzhaft traf es mich, als ich in die USA reiste, um mein Psychologiestudium fortzusetzen und eine psychotherapeutische Ausbildung zu beginnen. Der Wegzug aus der vertrauten Heimat hatte ungeahnte Folgen. Der Boden unter mir brach ein. Alles, was mir Halt und Sicherheit geboten hatte, löste sich in nichts auf. Von bedrohlichen Gefühlen überrollt und quälenden Gedanken bedrängt, verkrampfte sich in mir alles. Ich war verzweifelt und geriet in eine unsägliche seelische Not. Ich befürchtete, unterzugehen und verrückt zu werden. Dann geschah etwas völlig Unerwartetes: Mitten in der Krise, mitten im Sturm, war es wieder da, das Herz, und strahlte mit ganzer Kraft. Obwohl ich über dessen Auftauchen zutiefst erfreut war, fehlte mir der Mut, mich auf dieses einzulassen. Jahrelang hatte ich verzweifelt nach meiner Heimat, nach dem Herzen, gesucht und gehofft, dieses wiederzufinden. Ohne Erfolg. Als es mitten in der Krise auftauchte, war ich außerstande, das Geschenk anzunehmen. Ich hatte Angst, loszulassen und mich zu öffnen. Ich hatte Angst, zu vertrauen und mich der inneren Wahrheit hinzugeben.

Weitere Jahre vergingen, ehe ich auf die Spiritualität stieß und mich auf den tibetischen Buddhismus, die Lehre und Praxis der Weisheit und des Mitgefühls, einließ. Ich meditierte intensiv und war begeistert vom spirituellen Weg. Ich spürte, wie ich ruhiger und gelassener wurde, meine Sichtweise sich öffnete und die Haltung sich vertiefte. Dann geschah etwas völlig Unerwartetes. Aus dem Nichts tauchten Grenzen auf. Mein Lebensraum wurde eng und meine Welt klein. Ich fühlte mich eingesperrt und gefangen. Ich war ratlos und wusste weder ein noch aus. Ich konnte tun und machen, was ich wollte, ich fühlte mich von Mauern umgeben und saß fest. Bisher war es mir stets gelungen, Hindernisse auszuräumen und Grenzen zu überschreiten. Diesmal nicht. Diesmal schien es keinen Ausweg und keine Lösung zu geben. In meiner Verzweiflung und Not wollte ich alles hinschmeißen und mit dem Meditieren aufhören. Als ich alles Tun und Machen aufgab und aufhörte, irgendetwas erreichen und verändern zu wollen, geschah das Unfassbare. Die Grenzen lösten sich auf und das Gefängnis brach auseinander. Der Raum öffnete sich und in mir wurde es unendlich weit. Ich wurde hineingezogen in den zeitlosen Strom des Seins. Erfüllt von der strahlenden Kraft des Herzens erlebte ich Stille, Frieden und ein unbeschreibliches Glücksgefühl: Ich war zu Hause.

Auf eindrückliche Weise erlebte ich die strahlende Kraft des Herzens während einer Totenwache. Ein guter Freund, der Krebs hatte, ver-

brachte die letzten Tage seines Lebens im Spital. Nachdem er gestorben war, teilten wir uns auf und hielten Totenwache. Es war ein warmer, sonniger Sonntagnachmittag, als ich mich in das Spital begab. Ich betrat den Raum, in dem mein Freund aufgebahrt war. Ich nahm mir vor, zu meditieren und das Wissen, welches ich vom tibetischen Buddhismus über diese Lebensphase besaß, anzuwenden. Doch ich kam nicht dazu. Als ich mich hinsetzte, veränderte sich alles. Ich wurde von einem Strahlen erfasst, das sich in den Raum ausdehnte und alles erfüllte. Ich, der Raum und das Strahlen verschmolzen und wurden eins. Außer Ewigkeit, Stille, Frieden und dem Strahlen blieb nichts übrig. Es gab weder Zeit noch Raum. Alles war vollkommen und alles war ganz. Alles war rein und alles war heilig.

Das Herz hat nicht aufgehört, sich Gehör zu verschaffen. Die Rufe sind feiner und subtiler und das Strahlen ist klarer und heller geworden. Ob dies ein leichtes körperliches Unbehagen, eine emotionale Unausgeglichenheit, eine angenehme Empfindung oder ein beglückendes Erlebnis ist, das Herz ist für mich allgegenwärtig. Früher reagierte ich auf alles Unbekannte und Störende mit Besorgnis und misstraute dem Angenehmen und Schönen. Ich suchte sofort nach Ursachen, analysierte das Erlebte und deutete dieses entsprechend meinen Vorstellungen. Heute gehe ich anders damit um. Im Wissen darum, dass alle Erscheinungen Ausdruck der inneren Wahrheit sind und dem Herzen entspringen, unterlasse ich es, einzugreifen, festzuhalten oder zu bewerten. Aus der Warte des Zeugen beobachte ich das Kommen und Gehen der Gefühle und Gedanken und betrachte diese als Manifestationen der inneren Quelle. (Mehr zum Zeugen siehe Kapitel 6.)

Übung:

Setze dich auf einen Stuhl oder mache es dir auf einer festen Unterlage bequem. Entspanne, wie an anderer Stelle beschrieben, Körper und Geist. Danach wähle eine problematische Situation aus deinem Leben aus. Was genau ist das Problem? Wie zeigt sich dieses? Wie fühlt es sich an? Welche Auswirkungen hat es? Hast du das Problem erfasst, gehe einen Schritt weiter und frage dich, was hinter dem Problem liegt. Was verbirgt sich dahinter? Welche Kraft treibt es an? Was hält das Problem am Leben? Mache das Gleiche mit einer angenehmen Empfindung oder einem beglückenden Ereignis.

Wenn du alles, was du tagaus, tagein erfährst, dazu nutzt, um zu ergründen, was sich dahinter verbirgt, wird sich dein Leben grundlegend ändern. Nicht nur sensibilisierst du dich für die Existenz der inneren Quelle, sondern du bist in der Lage, das Herz aufzudecken und zu deiner Heimat zu machen.

5

~

DAS LEBEN NEU AUSRICHTEN

Susanne, Mutter von zwei schulpflichtigen Kindern, ist seit zwölf Jahren mit Rolf verheiratet. Rolf ist Gärtner und arbeitet in einem kleinen Familienbetrieb. Susanne und Rolf haben es gut zusammen. Nicht, dass sie keine Probleme haben und es nicht zu Konflikten kommt. Es gibt Situationen, wo sie aneinandergeraten, und Themen, die Spannungen auslösen. Statt den Problemen auszuweichen und die Spannungen anwachsen zu lassen, sind sie bemüht, diese anzusprechen und aufzulösen. Was Susanne an Rolf besonders schätzt, ist, dass sie in ihm einen Partner hat, auf den sie sich verlassen und auch in schwierigen Zeiten zählen kann. Neben der Familie und der Kinderbetreuung hat Susanne einen Teilzeitjob als Bibliothekarin.

Als die Kinder klein waren, geriet Susanne in eine Krise. Sie hatte sich immer Kinder gewünscht und war auch gerne für ihre kleinen Schützlinge da. Das Leben zu Hause jedoch, der alltägliche Trott und die immer gleichen Routinearbeiten machten ihr zu schaffen. Susanne war häufig müde und fühlte sich leer. Sie begann an allem zu zweifeln und überall Probleme zu sehen. Sie hatte Mühe, sich zu freuen und einen Sinn in ihrem Tun zu sehen. Sie war ungeduldig und verlor leicht die Nerven. Dass es Susanne nicht gut ging, bekamen nicht nur ihr Mann, sondern auch die Kinder zu spüren. Bei kleinsten Missgeschicken reagierte sie ungehalten. Sie begann zu schimpfen und wurde laut. Wenn sie sich wieder gefasst hatte, befiel sie ein schlechtes Gewissen und machte sie sich Vorwürfe.

Damit es nicht mehr zu solchen unschönen Szenen kam, nahm sich Susanne zusammen und versuchte sich zu beherrschen. Der Druck, unter dem sie stand, wurde dadurch stärker und die Unzufriedenheit größer. Susanne, die verzweifelt versuchte, gelassen zu bleiben und die Kontrolle nicht zu verlieren, geriet in eine wachsende Anspannung. Sie hatte Schwierigkeiten, sich zu konzentrieren und Ruhe zu finden. Wenn sie sich abends ins Bett legte, fiel es ihr schwer, abzuschalten. Gedanken jagten ihr durch den Kopf und die Sorgen und Befürchtungen nahmen kein Ende. Susanne wachte häufig auf und konnte dann nicht mehr einschlafen. Morgens fühlte sie sich schwer und hatte Mühe, den Tag in Angriff zu nehmen. Das Erledigen des Haushaltes war anstrengend und kostete sie viel Kraft. Hilflos musste Susanne miterleben, wie sie immer schwächer wurde und in eine Krise rutschte.

Susanne, die gelernt hatte, sich durchzubeißen, tat sich schwer damit, dass das Bewältigen des Alltages ihr Probleme bereitete und sie vom Leben überfordert war. Nach längerem Zögern und nach etlichen Gesprächen mit Ehemann Rolf sowie guten Freunden, die alle um ihr Wohlergehen besorgt waren, entschied sie sich, professionelle Hilfe in Anspruch zu nehmen. Susanne wandte sich an ihren Hausarzt, der ihr beruhigende Medikamente verschrieb und sie an eine Psychotherapeutin wies.

Die Therapiesitzungen, welche wöchentlich stattfanden, stützten und entlasteten Susanne. Wie sie in der Therapie herausfand, belasteten sie die Gefühle, keine gute Mutter zu sein und den Alltag nicht zu bewältigen, massiv. Susanne, die hohe Erwartungen an sich selber hatte und es allen recht machen wollte, war von sich selber enttäuscht. Sie verurteilte sich für ihr Unvermögen und ging mit sich selber hart ins Gericht. Sie machte sich Vorwürfe und fühlte sich als Versagerin. Dies bewirkte, dass der seelische Druck zunahm, die Kräfte schwanden und Susanne in einen Teufelskreis geriet, der sie in die Tiefe zog.

In der Therapie machte Susanne eine wegweisende Entdeckung. Das Gefühl, zu versagen, und die Angst, das Leben nicht zu schaffen, führten sie zurück in ihre Kindheit. Als zweites von drei Kindern hatte sie eine schwierige Position. Susanne ging es gut, bis ihr kleiner Bruder auf die Welt kam. Mit seiner Geburt änderte sich für sie alles. Als einziger Sohn stand er im Mittelpunkt und erhielt viel Aufmerksamkeit und Zuwendung. Susanne fühlte sich auf die Seite geschoben. Sie litt darunter, dass sie sich zu wenig wahrgenommen und zu wenig geliebt fühlte. Um die Liebe und Anerkennung ihrer Eltern zu erhalten, versuchte sie mit Fleiß und Leistung auf sich aufmerksam zu machen. Aus den frühen Erlebnissen entwickelte sich im Laufe der Jahre ein Muster, welches ihr Verhalten prägte. Durch Fleiß und aufopfernde Taten versuchte sie, auf sich aufmerksam zu machen und die Liebe der Mitmenschen zu erhalten. Statt wahrgenommen und geliebt zu werden, erlebte sie Enttäuschungen und Zurückweisungen.

Mit psychotherapeutischer Unterstützung gelang es Susanne, ihre Situation besser anzunehmen und geschickter mit alltäglichen Schwierigkeiten umzugehen. Die quälenden Gedanken, allen voran die Schuldgefühle und Selbstvorwürfe, ließen nach. Der seelische Druck nahm ab und die körperlichen Spannungen lösten sich auf. Die Ängste, die ihr Selbstvertrauen untergruben, verschwanden. Susanne fühlte sich gelöst und war entspannt. Sie spürte wieder festen Boden unter den Füßen und hatte genügend Kraft, um den Alltag zu bewältigen. Susanne war froh und erleichtert, dass die Krise vorüber war und sie wieder einen Sinn in ihrem Leben sah. Sechs Monate nach Beginn der Psychotherapie schloss sie diese ab.

Zwei Jahre lang ging es Susanne gut. Sie war zufrieden, genoss das Zusammensein mit der Familie und hatte Freude an der Arbeit. Dann änderte sich ihr Zustand. Zuerst waren es nur leichte Verstimmungen. Die

Verstimmungen wurden tiefer und dauerten länger. Ängste, unangenehme Gedanken und körperliche Spannungen, die sie während der Krise erlebt hatte, tauchten auf. Da sich ihre seelische Not in Grenzen hielt, nahm sich Susanne Zeit, um zu überlegen, was sie tun wollte. Ermutigt von einer guten Freundin, die an einer Yogagruppe teilnahm und die von dem, was sie dabei lernte, begeistert war, entschloss sich Susanne, diesen Weg auszuprobieren, und trat der Yogagruppe bei.

Das Yoga tat ihr gut. Die verschiedenen Übungen, die sie gezeigt bekam, und das neue Wissen, das ihr vermittelt wurde, hatten einen positiven Einfluss. Sie halfen ihr zu entspannen, Stress abzubauen und zur Ruhe zu kommen. Die Enge, die sie seit dem Auftauchen der Verstimmungen in ihrer Brust spürte, ging zurück. Das Drehen im Kopf, ganz besonders die Befürchtung, erneut in eine Krise zu geraten und leiden zu müssen, ließ nach. Susanne, die dazu neigte, sich selber zu übergehen, begann, auf sich zu hören und ihre Bedürfnisse ernst zu nehmen. Sie spürte immer deutlicher, was sie brauchte, damit es ihr körperlich und seelisch gut ging. Und, womit sie überhaupt nicht gerechnet hatte, was sie aber außerordentlich freute: Immer häufiger erlebte sie Momente der Stille, des Friedens und des Glücks.

Das Yoga, das sie sowohl in der Gruppe wie auch für sich zu Hause praktizierte, wurde für Susanne zu einer wichtigen Quelle, aus der sie Kraft und Inspiration schöpfte. Obwohl es ihr besser ging und ihr Leben sich in eine gute Richtung entwickelte, tauchten die Verstimmungen und die damit verbundenen unangenehmen Gefühle und negativen Gedanken immer wieder auf. Während des Einkaufens konnte es geschehen, dass sich in ihr plötzlich eine Spannung aufbaute und sie Angst bekam. Es kam vor, dass sie mitten im Gespräch mit einer Nachbarin unsicher wurde und der Kontakt sie belastete. Susanne konnte am Abend frühzeitig zu Bett gehen und friedlich einschlafen. Am nächsten Morgen fühlte sie sich aus unerklärlichen Gründen matt und war angespannt. Dann wieder bewältigte sie den Alltag problemlos, obwohl sie spät ins Bett gegangen war und wenig geschlafen hatte. Bei wieder einer anderen

Gelegenheit ging es ihr nach einer Auseinandersetzung mit dem Partner gut, obwohl sie fest damit rechnete, mit schmerzhaften Gefühlen konfrontiert zu werden und in einen spannungsvollen Zustand zu geraten.

Susanne hatte Mühe, nachzuvollziehen, womit die Stimmungsschwankungen zusammenhingen und weshalb sich ihr Zustand so schnell ändern konnte. Es fiel ihr schwer zu verstehen, wie sich in einer bedeutungslosen Situation plötzlich Spannungen aufbauten konnten und sie das innere Gleichgewicht verlor, in einer anderen Situation, die sie als problematisch betrachtete, dagegen nicht. Für Susanne, die bemüht war, ein gutes Leben zu führen und die auf die Gesundheit achtete, machte dies keinen Sinn.

Eines Nachts, der Vollmond leuchtete vom Himmel, wachte Susanne plötzlich auf. Die Atmung ging schwer und sie spürte einen stechenden Druck in der Brust. Sie hatte Herzklopfen und war durcheinander. Susanne hatte weder schlecht geträumt, noch gab es sonst einen Grund, der ihren angespannten Zustand hätte erklären können. Sie stand auf und lief in der Wohnung umher. Sie versuchte, sich zu beruhigen und zu verstehen, was mit ihr geschehen war. Da ihr weder das eine noch das andere gelang, setzte sie sich auf den Stubenboden und machte Yogaübungen. Susanne brauchte längere Zeit, bis sie entspannen konnte, der Druck in der Brust nachließ und sie zur Ruhe kam. Nachdem sie sich einen Tee aufgegossen hatte, holte sie ihr Tagebuch hervor und schrieb das, was sie erlebt hatte, auf. Sie wollte nicht nur verstehen, was das Ganze zu bedeuten hatte, sondern sie wünschte sich auch mehr Ausgeglichenheit, mehr Frieden und mehr Glück im Leben.

Am nächsten Abend machte Susanne etwas, das sie ganz selten tut. Sie richtete es sich auf dem Sofa bequem ein und schaltete den Fernseher ein. Sie zappte umher und stieß auf eine Dokumentarsendung. In dieser ging es um Grenzerfahrungen und deren Auswirkungen auf das Leben. Unter anderem wurde von einer Frau berichtet, die sich mit einer Gruppe Skifahrer auf einer Skitour befand. Beim Durchqueren eines Hanges löste sich plötzlich ein Schneebrett, das die Gruppe erfasste und in die Tiefe riss. Wie durch ein Wunder kam niemand zu Schaden und überlebte die Frau das Unglück unverletzt. Dieses Ereignis, so wurde berichtet, veränderte das Leben der Frau vollständig. Aus Dankbarkeit dafür, dass sie überlebt hatte, entschied sich die Frau, aus vollem Herzen zu leben und ihr Dasein auf die Liebe auszurichten. Susanne war tief beeindruckt vom Gehörten und berührt von der Geschichte der Frau. In der Tiefe ihres Herzen spürte sie, dass das, wofür sich die Frau entschied und worauf sie ihr Leben ausrichtete, das ist, worum es letztendlich geht und wofür auch sie leben wollte.

IRRITATIONEN, STIMMUNGSSCHWANKUNGEN, SPANNUNGEN, SCHWIERIGKEITEN

~

Wir möchten frei und glücklich sein, fühlen uns aber häufig gefangen und unzufrieden. Wir möchten ein unbeschwertes Leben führen, werden aber immer wieder von Sorgen bedrückt und Ängsten geplagt. Wir möchten über den Dingen stehen, werden aber ständig von neuem in Konflikte und Dramen hineingezogen. Dass dem so ist, bekommen wir immer wieder zu spüren. Es geht uns gut und wir sind frohen Mutes. Die Zuversicht ist groß und das Selbstvertrauen unerschütterlich. Einen Augenblick später ist alles anders. Wir sind irritiert und durcheinander. Wir fühlen uns aufgewühlt und verunsichert. Die Gelassenheit und Zuversicht sind weg. Manchmal ist es ein körperliches Unwohlsein, das uns in Spannungen versetzt. Manchmal sind es Gedanken, die uns irritieren, oder Gefühle, die uns aufwühlen. Manchmal sind es Aussagen einer anderen Person, die uns beunruhigen. Manchmal sind es ganz banale Vorkommnisse, die uns aus der Fassung bringen. Manchmal können wir sagen, weshalb sich unser Zustand verändert hat, häufig jedoch nicht.

Die Irritationen, Stimmungsschwankungen, Spannungen und Schwierigkeiten, die wir während des Tages erleben, haben nicht, wie wir gemeinhin annehmen, mit dem Beruf, dem Wetter, der Jahreszeit, der Wohnsituation, dem Partner, der Partnerin, den Schwiegereltern, den Nachbarn, den Kindern, dem politischen System, der Weltlage oder anderen Faktoren zu tun. Dies sind Auslöser, nicht aber die Ursache. Die Irritationen, Stimmungsschwankungen, Spannungen und Schwierigkeiten haben mit dem denkenden Geist zu tun und werden durch sein Aktivsein, ganz besonders durch das Festhalten und Abwehren, verursacht.

Das Problem ist, dass wir das Ego gewähren lassen und diesem uneingeschränkt Platz geben. Wir schauen tatenlos zu, wie dieses eingreift, sich ausbreitet und die Führung über unser Leben übernimmt. Wenn Gedanken auftauchen, wird das Ego augenblicklich aktiv und steigt in diese ein. Was das Ego uns vermittelt, glauben wir und wird für uns zur unumstößlichen Realität. Wenn das Ego etwas für gut befindet, ist es gut. Wenn es etwas negativ taxiert, bewerten wir es negativ. Machen sich Gefühle bemerkbar, reagiert das Ego ebenfalls. Wieder reagiert es und steigt ein. An angenehmen Gefühlen hält es fest und gegen unangenehme wehrt es sich.

Von morgens bis abends, Tag für Tag, Nacht für Nacht, Woche für Woche, Monat für Monat, Jahr für Jahr geht dies so. Das Ego ist ständig aktiv und mit etwas beschäftigt. Es bewertet, urteilt und argumentiert. Es beschönigt, schwächt ab und ignoriert. Es stiftet Verwirrung und löst Unsicherheit aus. Es nährt Zweifel und säht Misstrauen. Es hält uns auf Trab und lässt uns nicht zur Ruhe kommen. Es täuscht uns und bringt uns vom Weg ab. Es lenkt ab und führt uns Mal für Mal in die Irre. Durch unsere Bezogenheit auf sein ständiges Aktivsein wird das Ego mächtiger und sein Einfluss größer. Wir im Gegenzug nehmen uns zurück, werden schwächer und verlieren die Klarheit und Orientierung im Leben.

NEUAUSRICHTUNG: DEN DENKENDEN GEIST ZÄHMEN

~

Wenn der denkende Geist im Zentrum steht und wir diesen gewähren lassen, bleibt der Kopf voll. Der Lebensraum ist eng und die Welt klein. Wir sind angespannt und gestresst. Wir fühlen uns unsicher und unzufrieden. Es fehlt uns an Klarheit und Kraft. Wir erleben Irritationen, haben Stimmungsschwankung, leiden unter Spannungen, müssen uns mit allen möglichen Schwierigkeiten herumschlagen und werden Mal für Mal aus unserer Mitte geworfen. Dieser Zustand ist anstrengend. Nie sind wir sicher. Ständig müssen wir mit Ungemach rechnen. Die Unsicherheit und Ungewissheit, die dies mit sich bringt, machen uns zu schaffen. Sie untergraben das Selbstvertrauen und hindern uns daran, loszulassen und den Augenblick zu genießen.

Meistens braucht es ein einschneidendes Ereignis, ein tiefgreifendes Erlebnis, dass wir genug haben und nicht mehr bereit sind, weiterzumachen wie bisher. Wir sind die Irritationen, Stimmungsschwankungen, Spannungen und Schwierigkeiten leid. Wir haben die Nase voll von der Unsicherheit, der Ungewissheit, dem angeschlagenen Selbstvertrauen und dem Mangel an Lebensfreude. Wir sind es müde, die immer gleichen Szenen im Kopf durchzukauen und nachts deswegen nicht schlafen zu können. Wir spüren einen wachsenden Widerwillen, immer wieder in dieselben Schwierigkeiten zu geraten und uns mit kräfteraubenden Dramen herumzuschlagen. Wir erleben einen wachsenden Überdruss, uns ständig im Kreise zu drehen und das Gleichgewicht Mal für Mal zu verlieren. Und nicht zuletzt mögen wir dem Dauerredner in unserem Kopf, der immer alles besser weiß, alles in Zweifel zieht, nie zufrieden ist und uns manchmal fast verrückt macht, einfach nicht mehr zuhören.

Der Widerwille und Überdruss sind wichtig. Sie signalisieren, dass wir anstehen und genug haben von den Irren und Wirren des Egos. Der Widerwille und Überdruss bewirken, dass wir beginnen, genauer hinzuschauen, wir unsere Art zu leben hinterfragen und das Leben neu ausrichten. Wenn der Widerwille und der Überdruss schwach sind, bleibt alles beim Alten. Wir sehen zwar ein, dass wir gestresst, angespannt und unglücklich sind und etwas ändern sollten. Da wir jedoch für alles eine passende Antwort haben und uns mit plausiblen Erklärungen zu beruhigen wissen, bleibt es bei guten Vorsätzen und leeren Versprechen, die, außer Enttäuschung und Frust, nichts bringen.

Mit der Entscheidung, das Leben neu auszurichten, übernehmen wir die Verantwortung für unser Dasein. Wir verabschieden uns von der alten Sicht- und Lebensweise und schaffen die Voraussetzung, die es uns ermöglicht, den denkenden Geist zu zähmen, seinen Einfluss zu verringern und uns aus seiner Umklammerung zu befreien. Mit der Neuausrichtung setzen wir die Prioritäten anders und den Schwerpunkt neu. Der Kopf, der immer voll war, beginnt sich zu leeren. Der Lebensraum öffnet sich und wir bekommen Platz zu sein. Die Irritationen, Stimmungsschwankungen, Spannungen und Schwierigkeiten, die unser Fühlen, Denken und Handeln bestimmten und zum Inhalt unseres Alltages wurden, nehmen ab. Dem neuen Weg folgend, erkennen wir, worauf es wirklich ankommt im Leben und worauf wir bauen müssen, um erfüllt und glücklich zu sein.

Denkanstöße

- *Was steht bei deinem Leben im Zentrum?*
- *Woran orientierst du dich im Alltag?*
- *Ist es der denkende Geist?*
- *Wenn es das Ego ist, ergründe, wie viel Platz es einnimmt, welchen Einfluss es hat und wohin sein ständiges Aktivsein dich führt.*
- *Verspürst du manchmal einen Überdruss oder Widerwillen? Bist du die ständigen Irritationen, Stimmungsschwankungen, Spannungen und Schwierigkeiten leid und möchtest du anders leben?*

- *Wenn ja, was musst du ändern und worauf dich beziehen, damit diese aufhören und du ein erfülltes und glückliches Leben führen kannst?*

EIGENE ERFAHRUNGEN

~

Lange Zeit war ich mit meiner Lebensweise zufrieden. Ich machte regelmäßig meine Pausen und nahm mir bewusst Zeit, um zu entspannen und für die Gesundheit zu sorgen. Ich machte häufig Spaziergänge und ging einmal in der Woche hinaus und joggte durch den nahegelegenen Wald. Dies tat mir nicht nur körperlich gut, sondern war auch geistig anregend. Ich war glücklich in der Beziehung und genoss das Zusammensein mit der Familie. Ich traf mich mit Freunden und Berufskollegen und erlebte die Kontakte als anregend und bereichernd. Als Psychotherapeut hatte ich eine interessante Arbeit, bei der ich viel über das Leben und seine Hintergründe lernen konnte.

Nicht, dass es mir nur gut gegangen wäre und ich keine Probleme gehabt hätte. Mitnichten. Manchmal fühlte ich mich unwohl und war körperlich angespannt. Manchmal stand ich an und verlor die Geduld. Manchmal war es in mir eng und ich fühlte mich bedrängt. Manchmal zweifelte ich an meinen Fähigkeiten und war unsicher. Manchmal sperrte ich mich gegen das, was mir im Alltag begegnete, und haderte ich mit dem, was auf der Welt geschah. Manchmal schlug ich den Kopf an und verlor das Gleichgewicht. Trotz der kleinen und größeren Schwierigkeiten, die ich zu bewältigen, und den Herausforderungen, die ich zu bestehen hatte, gelang es mir offen zu bleiben und mich am Leben zu freuen.

Dann, nach einer längeren Phase, während der es mir sehr gut ging, begann sich ein seltsames Unwohlsein breitzumachen. Anfänglich schenkte ich diesem keine Beachtung. Ich war der Überzeugung, dies sei eine ganz normale Erscheinung, die sich von selber legen würde. Dem war jedoch nicht so. Das Unwohlsein nahm zu. Es wurde stärker und umfassender. Das Unwohlsein erlebte ich vor allem als flaues Gefühl und dumpfen Druck im Magen. Da das Unwohlsein sich allen Auflösungsversuchen widersetzte und das flaue Gefühl und der Druck zunahmen, wurde ich unsicher. Befürchtungen und Ängste machten sich breit. Ich begann mich zu verkrampfen. Verzweifelt suchte ich nach einer Lösung und einem Ausweg, fand aber weder das eine noch das andere.

Erst als ich aufhörte, mich zu wehren und nach Lösungen und einem Ausweg zu suchen, konnte ich loslassen. Die Spannungen ließen nach und das flaue Gefühl und der Druck verschwanden. Mir wurde bewusst, dass das Ganze mit Überdruss und Widerwillen zu tun hatten. Ich konnte zu diesem Zeitpunkt jedoch nicht verstehen, was dies zu bedeuten hatte und was die Ursache für den Überdruss und Widerwillen war. Was ich dagegen deutlich spürte, war, dass ich von allem genug hatte und mir alles zu viel war. Ich hatte die Nase gestrichen voll und die Freude am Leben war mir vergangen. Als mir dies in aller Deutlichkeit bewusst wurde, erschrak ich. Was war nur los mit mir? Befand ich mich in einer schweren Krise? War ich lebensmüde oder gar ernsthaft in Gefahr? Obwohl ich aufgewühlt war und diese Gedanken mich beunruhigten, war mir intuitiv klar, dass es beim Überdruss und Widerwillen um etwas Grundlegendes ging und ich nicht lebensmüde war.

Dass der Überdruss und der Widerwille mit meiner Lebensweise zu tun hatten, begann ich nach und nach zu verstehen. Ich erkannte, dass ich nicht genug vom Leben hatte, sondern von den Irritationen, Stimmungsschwankungen, Spannungen und Schwierigkeiten. Ich war es leid, mich immer mit denselben Problemen herumschlagen zu müssen und mich im Kreise zu drehen. Ich war es müde, in Unsicherheit und Ungewissheit zu leben und das, was ich aufgebaut hatte, Mal für Mal zu verlieren. Um von den Irritationen, Stimmungsschwankungen, Spannungen und Schwierigkeiten frei zu werden, musste ich nicht nur mein Leben neu ausrichten, sondern auch den denkenden Geist zähmen. Um dazu in der Lage zu sein, musste ich den Kopf leeren und mich auf die innere Quelle, das Herz, beziehen.

6

DEN KOPF LEEREN

Urs ist fünfundfünfzig Jahre alt und geschieden. Er hat zwei volljährige Söhne, die beide in Ausbildung sind. Urs hat ein gutes Verhältnis zu ihnen. Sie treffen sich regelmäßig und machen einmal pro Jahr miteinander eine Städtereise. Zu seiner Exfrau hat Urs keinen Kontakt mehr. Nach der Trennung zog sie nach Deutschland zurück, wo sie herkommt und wo ihre Familie lebt. Drei Jahre war Urs alleine. Er brauchte Zeit, um die Trennung zu verarbeiten und mit der neuen Situation klarzukommen. Auf einem Besuch bei Freunden lernte Urs Nicole kennen. Nicole ist Kindergärtnerin. Sie arbeitet Teilzeit und hat eine Tochter, die Lehrerin ist. Urs und Nicole verbrachten viel Zeit miteinander. Sie kamen sich näher und wurden ein Paar. Ein Jahr nach der ersten Begegnung zog Nicole zu Urs. Seit fünf Jahren leben und wohnen sie zusammen. Urs und Nicole verstehen sich gut. Sie haben beide eine Scheidung hinter sich und wissen, was es heißt, die Familie loslassen zu müssen.

Von Beruf ist Urs Ökonom. Zehn Jahre war er in einem großen Chemiekonzern tätig. Seine Arbeitstage waren voll mit Terminen, Sitzungen, Besprechungen und Konferenzen. Obwohl er immer wieder unter Zeitdruck stand und oft im Stress war, gefiel ihm seine Arbeit. Was Urs besonders schätzte, war, dass er mit einem Team zusammenarbeitete, das gut harmonierte. Trotz großen Herausforderungen, die sie zu bewäl-

tigen, und etlichen Umstrukturierungen, die sie durchzustehen hatten, ging der innere Zusammenhang nie verloren.

Wenn Urs abends von der Arbeit nach Hause kam, war Nicole bereits zu Hause. Nach dem gemeinsamen Abendessen, bei dem sie über die Geschehnisse des Tages sprachen, ging Urs mit Pan, seinem Hund, hinaus. Ob das Wetter schön oder schlecht war, Urs freut sich stets auf die ausgedehnten Spaziergänge durch Feld und Wald mit seinem Hund. Das Draußensein tat ihm gut. In der Natur konnte er abschalten, den Alltagsstress loslassen und Energie tanken. Wenn das Wetter es erlaubte, traf sich Urs an den Wochenenden auch mit Freunden, die wie er das Gleitschirmfliegen zu ihrem Hobby gemacht haben und für die Fliegen Unbeschwertheit, Leichtigkeit und Freiheit bedeutet.

Die Hektik und der Zeitdruck bei der Arbeit nahmen von Jahr zu Jahr zu. Schneller, immer schneller musste alles gehen. Kaum wurde ein neues Projekt in Angriff genommen, sollte es bereits realisiert und umgesetzt sein. Zeit haben, um sich auf eine neue Aufgabe einlassen und sich gründlich mit dieser befassen zu können, das fehlte. Zeit haben war ein Luxus, den sich die Firma nicht leisten konnte. Zeit bedeutet Geld und ums Geldverdienen ging es. Die Auswirkungen der Hektik und des Zeitdruckes bekam Urs zu spüren. Er hatte Probleme mit der Verdauung und immer wieder Kopfschmerzen. Obwohl er jeden Tag mit Pan hinausging, hatte er zunehmend Mühe, den Alltagstress loszulassen und abzuschalten. Nachts wachte er häufig auf und konnte nicht mehr einschlafen. In seinem Kopf drehte es sich. Seine Gedanken kreisten um das Geschäft und die verschiedenen Aufgaben, die immer anspruchsvoller und immer komplexer wurden. Nach einer Nacht mit wenig Schlaf war Urs müde und gereizt. Bei der Arbeit war er unkonzentriert und Störungen ertrug er schlecht.

Urs, der körperlich fit war, spürte plötzlich ein Klemmen in der Brust. Anfänglich war es schwach und verging schnell wieder. Statt ganz wegzugehen, wurde es jedoch stärker und trat immer häufiger auf. Weil sein

Zustand ihm Angst machte und er in Sorge um seine Gesundheit war, kontaktierte er seinen Hausarzt. Dieser untersuchte ihn eingehend, konnte aber keine medizinische Ursache für den Druck in der Brust und das Klemmen finden. Sein Hausarzt, der um die große berufliche Belastung wusste, riet ihm, aktiv etwas für die Stressbewältigung zu tun, und machte ihn auf das Autogene Training aufmerksam.

Froh um den Hinweis, informierte sich Urs im Internet über diese Entspannungsmethode. Er kontaktierte einen qualifizierten Lehrer und besuchte einen Kurs in Autogenem Training. Das, was er dabei lernte, war einfach anzuwenden und sagte ihm zu. Es half ihm, abzuschalten und ruhig zu werden. Urs benutzte das Autogene Training vor dem Einschlafen und setzte es auch während des Tages regelmäßig ein. Mit Unterstützung dieser Methode gelang es ihm, zu entspannen und besser mit dem Alltagsstress umzugehen. Urs fühlte sich gelöster und freier. Die Nächte wurden leichter und erholsamer. Er konnte wieder durchschlafen und fühlte sich morgens ausgeruht. Bei der Arbeit war er konzentrierter und reagierte gelassener auf Störungen. Der Druck in der Brust ließ nach und das Klemmen verschwand.

Urs machte gute Erfahrungen mit dem Autogenen Training. Er war dankbar, ein wirkungsvolles Werkzeug für die Stressbewältigung zur Hand zu haben. Obwohl er sich körperlich wieder gut fühlte und besser mit dem Stress und Druck bei der Arbeit umgehen konnte, fehlte ihm etwas. Mit Unterstützung des Autogenen Trainings gelang es ihm zwar, abzuschalten und zu entspannen. Die Ruhe hielt jedoch meistens nicht lange an. Kaum, dass er in den Alltag zurückkehrte, war der Kopf wieder voll und er im Stress. Urs hatte sich mehr vom Autogenen Training erhofft. Er hatte erwartet, dass diese Methode ihn im Kopf frei machen und ihm zu mehr Energie und mehr Lebensfreude verhelfen würde.

Ein guter Freund von Urs, mit dem er sich regelmäßig traf, um über Gott und die Welt zu philosophieren, berichtete ihm von der Meditation und seinen Erfahrungen. Was Urs hörte, faszinierte und berührte ihn. Er kaufte sich ein Meditationsbuch und ein Meditationskissen. Im Gästezimmer richtete er sich einen Meditationsplatz ein und begann, wie im Buch beschrieben, zu meditieren. Er saß in aufrechter Körperhaltung, konzentrierte sich auf den Fluss des Atems und versuchte die auftauchenden Gedanken und Gefühle ziehen zu lassen. Obwohl er die Anleitungen befolgte, kam er weder zur Ruhe, noch hörte das Drehen im Kopf auf. Er führte Selbstgespräche und war mit belanglosen Dingen beschäftigt. Er war mit den Gedanken beim Einkaufen und dachte an das bevorstehende Abendessen. Er hing vergangenen Vorkommnissen nach und machte sich Sorgen wegen der Arbeit. Er debattierte, argumentiert und erklärte. Er rechtfertigte, entschuldigte und beschwichtigte. Urs hatte Schuldgefühle, da es ihm nicht gelang, abzuschalten, und er machte sich Vorwürfe, da er glaubte, versagt zu haben. Urs war überall, nur nicht im Hier und Jetzt. Er erlebte alles Mögliche, nur nicht das Freisein im Kopf. Urs war überrascht und enttäuscht zugleich. Er hatte sich das Meditieren einfacher vorgestellt.

Urs wandte sich an seinen Freund und sprach mit ihm über seine Schwierigkeiten. Sein Freund, dem die Schwierigkeiten bekannt waren, riet ihm, einer Meditationsgruppe beizutreten. Urs entschied sich, diesen Weg auszuprobieren, und schloss sich einer Meditationsgruppe an. Das Meditieren unter Anleitung in der Gruppe und das Aufbauen von Großzügigkeit, Klarheit und Mitgefühl war eine große Hilfe. Inspiriert von dem, was er über die Meditationspraxis hörte, und von der Energie der Gruppe getragen, fiel es ihm leicht, loszulassen und zur Ruhe zu kommen. Mit dem neuen Wissen zur Hand und durch die positiven Erlebnisse gestärkt, begann sich seine Haltung zu ändern und seine Sichtweise zu öffnen. Urs bekam innerlich mehr Raum und der Lebensraum weitete sich. Er wurde großzügiger und freundlicher sich selber gegenüber. Er fühlte sich leichter und wohler in seinem Körper.

Nicht dass Urs keine Schwierigkeiten mehr gehabt hätte und nur noch Frieden und Stille erfuhr. Mitnichten. Er grübelte weiterhin und führte Selbstgespräche. Er hatte negative Gedanken und machte sich Sor-

gen. Er erlebte Zweifel und Mistrauen. Er war unachtsam und hatte Stimmungsschwankungen. Er ließ sich in Konflikte hineinziehen und in Dramen verstricken. Er hielt fest und fiel aus der Mitte. Sein Kopf war voll und er war verwirrt. Doch statt sich zu verurteilen, war er mit sich nachsichtig. Statt Schuldgefühle zu entwickeln, blieb er mit sich freundlich. Und statt zu grübeln und festzuhalten, übte er sich im Beobachten und Annehmen der Gedanken und Gefühle.

Das Beobachten und Annehmen, ein zentraler Teil der Meditationspraxis, trug maßgeblich zur positiven Veränderung bei. Das Grübeln wurde weniger und das Beschäftigtsein mit der Vergangenheit und Sichsorgen um die Zukunft ließen nach. Urs gelang es immer besser, das Auftauchen der Gedanken und Gefühle zu erkennen und das Festhalten und Abwehren aufzugeben. Statt Störungen zu bekämpfen und sich in Problemen zu verlieren, machte es sich Urs zur Gewohnheit, eine Pause einzulegen und die in der Meditation gelernte Haltung des Beobachtens und Annehmens einzunehmen. Aus der Warte des Zeugen beobachtete er äußere und innere Geschehnisse in aller Ruhe. Tauchte ein Gedanke auf oder macht sich ein Gefühl bemerkbar, gab er diesen viel Raum. Im Wissen darum, dass sie alle Erscheinungen sind, die kommen und wieder gehen, unterließ er es, einzugreifen, zu werten oder zu analysieren. Wenn sich die Gedanken oder Gefühle aufgelöst hatten, kehrte er zu dem zurück, womit er gerade beschäftigt war. Während des Tages versuchte er achtsam und großzügig zu bleiben. War Handeln angesagt, machte er dies klar und besonnen.

Um bei Kräften zu bleiben, baute Urs regelmäßig Pausen ein und gönnte sich ein Mittagessen in Ruhe. Abends, nach einem langen Arbeitstag war er meistens müde. Statt sich mit Esswaren vollzustopfen, im Fernseher herumzuzappen und auf dem Sofa einzuschlafen, nahm er sich bewusst Zeit, um zu entspannen, das Beobachten und Annehmen zu üben und den Kopf zu leeren. Für Urs standen nicht mehr die Arbeit und der berufliche Erfolg im Zentrum, sondern die Gesundheit, das Wohlergehen und die neue Lebenshaltung.

Da er eine Pause brauchte und Zeit für sich haben wollte, nahm sich Urs einen fünfmonatigen unbezahlten Urlaub. Er zog sich in ein Ferienhaus von Freunden zurück, das an einem abgeschiedenen Ort in den Bergen lag. Er verbrachte viel Zeit mit Lesen und Nichtstun. Er meditierte regelmäßig und schrieb seine Erlebnisse und Eindrücke auf. Täglich unternahm er eine längere Wanderung mit seinem Hund Pan und erkundete die Umgebung. Abends genoss er es, vor dem Ferienhaus zu sitzen, in aller Ruhe einen Tee zu trinken und in die von der Sonne beschienenen schneebedeckten Berge zu schauen. In solchen Momenten fühlte er sich frei und glücklich. Ihm fehlte nichts und er hatte alles, was er für ein erfülltes Leben brauchte.

Das Timeout hatte weitreichende Auswirkungen. Als die fünf Monate vorüber waren, konnte es sich Urs nicht mehr vorstellen, in die Firma zurückzukehren und im gleichen Trott weiterzumachen wie bisher. Er kündigte die Stelle und entschied sich für die berufliche Selbständigkeit. Urs suchte sich passende Räumlichkeiten, eröffnete ein eigenes Büro und ist seither als Unternehmensberater tätig. Die berufliche Selbständigkeit bietet ihm große Vorteile. Er kann den Morgen ruhig angehen und die Arbeit so gestalten, dass der Stress und der Zeitdruck klein sind und er sich nicht verausgaben muss. Während des Tages macht er Pausen, um zu entspannen und die in der Meditation gelernte Haltung zu vertiefen. Abends, nach einem Tag im Geschäft, fühlt sich Urs wohl und ist bei Kräften. Er hat Zeit und Energie für die Beziehung und genießt es, mit Pan hinauszugehen. Was Urs besonders freut, ist, dass seit seiner Rückkehr und der beruflichen Selbständigkeit der Kopf freier und die Ruhe tiefer, das Leben voller und der Alltag reicher geworden sind.

FREIER KOPF – AUF DIE HALTUNG KOMMT ES AN

~

Dass es möglich ist, im Kopf frei zu sein, wissen wir. Diesen Zustand haben wir alle erfahren. Ein Ort, wo der Kopf sich mühelos leert, ist die Natur. Wenn wir auf einem Berggipfel stehen und einen uneingeschränkten Rundblick genießen oder am Ufer eines Sees sitzen und der Himmel über uns wolkenlos ist, erfahren wir das Freisein im Kopf direkt und unmittelbar. Die Offenheit und Weite, welche die Natur uns bietet, haben eine starke und positive Wirkung. Der Lebensraum öffnet sich, innerlich bekommen wir Platz. Wir beginnen uns auszudehnen und die Energien fließen. Wir spüren, wie wir entspannen und loslassen. Das Beschäftigtsein mit den Dingen des Alltages lässt nach. Das Nachhängen an unerledigten Vorkommnissen hört auf. Die Selbstgespräche verstummen. Ruhe kehrt ein. Wir fühlen uns unbeschwert und leicht. In solchen Momenten nehmen wir staunend zur Kenntnis, wie einfach das Leben sein kann und wie wenig es braucht, dass wir uns glücklich und erfüllt fühlen.

Wie aber können wir den Kopf leeren? Wie müssen wir vorgehen, um auch im Alltag einen freien Kopf zu haben? Als erstes müssen wir verstehen, wie es zum Vollsein im Kopf kommt. Zusammengefasst gibt es drei Hauptgründe. Diese sind: Mangel an Offenheit und Weite, Festhalten und Abwehren und das Betrachten der Gedanken und Gefühle als real und wahr. Weiter müssen wir die Haltung ändern und uns neu ausrichten. Hierzu gehört, dass wir die Offenheit und Weite ins Zentrum rücken und uns im Alltag auf diese beziehen. Dann geht es darum, das Festhalten und Abwehren zu lockern und aufzugeben. Und als Letztes gilt es, alle Gedanken, Gefühle, Empfindungen und Eindrücke als vergängliche Erscheinungen zu betrachten und als Ausdruck der inneren Wahrheit zu würdigen.

Nachstehend folgen vier grundlegende Punkte, die helfen, den Kopf zu leeren und das innere Freisein umzusetzen. Es ist ratsam, zuerst intellektuell zu verstehen, was die vier Punkte beinhalten und diese danach einzeln zu üben. Wenn wir auf diese Weise vorgehen, wird aus dem intellektuellen Verstehen ein intuitives Wissen. Dieses Wissen, das aus Erfahrungen gewachsen ist, festigt nicht nur die neue Haltung, sondern lässt auch das Freisein im Kopf anwachsen.

Offenheit und Weite

Von zentraler Bedeutung für das Freisein im Kopf sind Offenheit und Weite. Wenn die Offenheit und Weite im Zentrum stehen und wir uns auf diese beziehen, öffnet sich der Lebensraum. Wir werden innerlich weit und dehnen uns aus. Die Energien beginnen zu fließen und wir fühlen uns getragen. Alles Schwere und Enge fällt ab. Wir sind durchlässig und erfahren einen Zustand von Lockerheit und Leichtigkeit. In solchen Momenten wird uns bewusst, wie wichtig Offenheit und Weite für die Gesundheit und das Wohlergehen sind. Da wir jedoch sehr beschäftigt sind und unser Kopf voll ist, werden die Offenheit und Weite zugedeckt und geraten in Vergessenheit. Um den Schleier zu lüften und die Vergessenheit aufzulösen, müssen wir uns an die Offenheit und Weite erinnern und uns im Alltag an sie halten.

Offenheit und Weite verfügen über grundlegende Eigenschaften und wertvolle Qualitäten. Sie haben eine beruhigende, entspannende Wirkung. Das Loslassen geschieht von alleine. Das Grübeln lässt nach, die Selbstgespräche werden weniger. Das Zweifeln wird schwächer, das Misstrauen nimmt ab. Wir erfahren Heiterkeit und Freude. Wir haben Humor und sind voller Lebenslust. Offenheit und Weite sind heilsam und halten uns gesund. Die Lebensenergien, welche durch geistige Blockaden gebremst und körperliche Verspannungen behindert werden, beginnen zu fließen. Eine Atmosphäre der Ruhe, Entspanntheit und Wärme breitet sich aus. In dieser weichen hartnäckige Beschwerden auf und verschwinden emotionale Störungen. Wir fühlen uns vital und stark. Wir haben Kraft und ein großes Selbstvertrauen.

Offenheit und Weite haben eine weitere wichtige Eigenschaft. Sie helfen uns, den Blickwinkel zu verschieben, und öffnen die Sicht. Wir sehen nicht mehr nur Teile und Aspekte des Lebens, sondern das Ganze und Übergeordnete. Wir sind nicht mehr nur mit Nebensächlichkeiten und Banalitäten beschäftigt, sondern erkennen das Wesentliche und Grundlegende. Mit der Offenheit und Weite im Zentrum haben wir Aha-Erlebnisse und öffnet sich uns die Welt. Wir können wieder staunen und beginnen, das Leben neu zu entdecken. Wir sind neugierig und interessiert. Wir lassen uns ein und nehmen Anteil am Schicksal der Mitmenschen. Wir erfahren die Frische des Augenblickes und sind vom Wunder des Lebens berührt.

Übung:

Setze dich auf einen Stuhl oder mache es dir auf einer festen Unterlage bequem. Danach entspanne, wie an anderer Stelle beschrieben, Körper und Geist. Hast du dies getan, rücke die Offenheit und Weite ins Zentrum. Stell dir dazu vor, dass der Raum in dir und um dich herum grenzenlos weit ist. Um die Offenheit und Weite hervorzubringen, kannst du auch Bilder benutzen, wie die des wolkenlosen Himmels oder des grenzenlosen Horizontes über dem Meer. Spüre, wie es ist, wenn die Offenheit und Weite dich durchdringen und es nichts als Raum gibt. Erfahre, wie es sich anfühlt, wenn du selber zum Raum wirst, es keine Grenzen gibt und der Kopf frei ist.

Hast du die Übung beendet, nimmt die Offenheit und Weite in den Alltag mit. Was immer du tust, erinnere dich an die Offenheit und Weite und lasse dich von deren Eigenschaften und Qualitäten inspirieren.

Festhalten und Abwehren

Wenn wir innerlich Raum haben und der Kopf frei ist, geht es uns gut. Wir fühlen uns zufrieden und zuversichtlich. Wir sind gelassen und sorgenfrei. Gedanken und Gefühle haben Platz und behindern uns in keiner Weise. Diesen unbeschwerten, leichten Zustand nennt man in der modernen Psychologie Flow. Wenn der Kopf voll ist, sind wir angespannt und ruhelos. Wir fühlen uns getrieben und gestresst. Der denkende Geist ist nicht zu zähmen. Sein Aktivsein bringt Abneigungen und Vorlieben hervor und führt dazu, dass es zum Festhalten und Abwehren kommt.

Das Festhalten und Abwehren nimmt in unserem Leben viel Raum ein. Es beeinflusst unser Fühlen, Denken und Handeln und ist für das Entstehen von Widerständen verantwortlich. Ganz anders war die Situation, als wir klein waren. Damals war der Kopf frei, Festhalten und Abwehren waren schwach. Mit dem Überhandnehmen des Egos und dem Verlust der Offenheit und Weite wuchsen Festhalten und Abwehren an und wurden die Widerstände größer. Im Laufe der Jahre hat sich daraus ein tiefsitzendes Muster entwickelt, über das wir keine Kontrolle mehr haben. So ist uns gar nicht mehr bewusst, wie wir festhalten und abwehren und wie dieses Muster unser Leben einschränkt und uns im Alltag behindert.

Zu spüren bekommen wir das Festhalten und Abwehren nicht direkt, sondern hauptsächlich indirekt. Wir alle haben schlechte Gewohnheiten und neigen zu suchtähnlichem Verhalten. Wir wissen, dass das Rauchen, das viele Essen, das stundenlange Fernsehen, der tägliche Stress und der Mangel an Bewegung und Erholung uns nicht gut tun und wir diese im Interesse unserer Gesundheit aufgeben sollten. Obwohl wir voller guter Vorsätze sind und die schlechten Gewohnheiten und das suchtähnliche Verhalten aufgeben möchten, will uns dies einfach nicht richtig gelingen. Etwas, das sich unserem Einfluss entzieht, hindert uns daran und lässt uns Mal für Mal scheitern.

Dieses Etwas ist nichts anderes als das Ego. Wenn dieses das Sagen hat, ist das Festhalten und Abwehren allgegenwärtig und sind die Widerstände mächtig. Augenblicke, in denen wir nicht eingreifen, nicht festhalten und uns nicht wehren, sind selten. „Das ist nicht gut“, „Dieses will ich nicht“, „Jenes muss verhindert werden“, „So und so darf es nicht eintreten“, „Das soll für immer so bleiben“ und „Dieses muss ich unbedingt haben“, so und ähnlich tönt es in unserem Kopf. Die Worte, Begriffe und Gedanken, auf die wir einsteigen und die wir im Alltag regelmäßig verwenden, stärken nicht nur das Ego, sondern vertiefen auch das Festhalten und Abwehren und festigten die Widerstände.

Das Festhalten und Abwehren kann weder mit guten Vorsätzen, einem eisernen Willen noch mit bestimmten Techniken aufgelöst und zum Verschwinden gebracht werden. Wenn wir auf diese Weise vorgehen, nehmen Festhalten und Abwehren zu und werden die Widerstände stärker. Alles, was wir loswerden und aus der Welt schaffen möchten, wird nicht etwa kleiner und schwächer, sondern größer und mächtiger. Um das Festhalten und das Abwehren zu lockern und aufzugeben, müssen wir einen anderen Weg einschlagen. Wir müssen die Offenheit und Weite ins Zentrum rücken und uns an diese halten. Wenn wir dies tun, schaffen wir Raum und werden innerlich weit. Wir lassen los und sind entspannt. Die Energien fließen und es entsteht eine angenehme, warme Atmosphäre. Das Denken rückt in den Hintergrund und das Ego kann sich nirgends festmachen. Dieses wird schwächer und sein Aktivsein nimmt ab. Das Festhalten und Abwehren lassen nach, die Widerstände weichen auf und der Kopf leert sich.

Übung:

Setze dich auf einen Stuhl oder mache es dir auf einer festen Unterlage bequem. Danach entspanne, wie weiter oben beschrieben. Hast du dies getan und bist offen und weit, ergründe das Festhalten und Abwehren. Um mit dem Festhalten und Abwehren vertraut zu werden, wähle eine Situation aus, in der du dich unwohl oder angespannt fühlst, es in dir eng ist und die Lebensenergien nicht richtig fließen können. Als Tipp: Überall dort, wo es dir schwerfällt loszulassen, du etwas wegmachen oder loswerden möchtest, hat das Ego seine Finger im Spiel und erlebst du das Festhalten und Abwehren.

Mache es dir zur Gewohnheit, während des Tages immer wieder genau hinzuschauen und Alltagssituationen auf das Festhalten und Abwehren hin zu untersuchen. Wenn du dies auf spielerische Weise tust, beginnst du nicht nur immer deutlicher zu erkennen, wie das Festhalten und Abwehren entstehen und die Widerstände sich aufbauen, sondern du wirst von diesen frei.

Nichts als Erscheinungen

Wir haben gelernt, das, was wir wahrnehmen, als real und wahr zu betrachten. Wenn der Gedanke auftaucht: „Diese Situation schaffe ich nicht“, glauben wir dies und steigen darauf ein. Wir verhalten uns der Überzeugung entsprechend, es nicht zu schaffen. Wir rechnen mit Schwierigkeiten und erwarten Probleme. Wir stehen auf der Bremse und nehmen uns zurück. Der denkende Geist übernimmt und wird aktiv. Offenheit und Weite gehen verloren. Der Lebensraum wird eng und die Welt klein. Das Verhängnisvolle am Ganzen ist, dass durch unsere Sichtweise und das Einsteigen darauf das eintrifft, was wir befürchten, nämlich die Situation nicht zu schaffen. Zusätzlich werden die Gedanken stärker und negativer, wir im Gegenzug schwächer und unsicherer.

Wenn Gefühle auftauchen, betrachten wir diese ebenfalls als real und wahr. Sind diese unangenehm, gehen wir davon aus, dass etwas nicht stimmt und wir in Gefahr sind. Wieder übernimmt der denkende Geist und wird aktiv. Spannungen bauen sich auf, und in uns wird es eng. Angst macht sich breit und die Energien können nicht mehr ungehindert fließen. Um uns zu schützen und die drohende Gefahr abzuwenden, machen wir zu und warten darauf, dass das Unheil uns erfasst. Doch das Unheil kommt nicht. Das ganze Drama spielt sich ausschließlich in unserem Kopf ab, und zwar innerhalb von Sekundenbruchteilen. Je häufiger sich dies abspielt, desto mächtiger und intensiver werden die Gefühle. Die Überzeugung, das Leben sei gefährlich und wir müssten uns schützen, wird dabei tiefer, der Lebensraum kleiner und wir werden ängstlicher. Wie heißt es so treffend: Die Welt ist das, wofür wir sie halten.

Es ist wichtig zu verstehen, dass das Problem nicht die Gedanken und Gefühle, nicht die Sorgen und Ängste sind. Das Problem ist unsere Sichtweise, genauer, die Gedanken und Gefühle als real und wahr zu betrachten und auf diese einzusteigen. Diese Betrachtungsweise ist mitverantwortlich dafür, dass der Kopf voll bleibt, wir nicht zur Ruhe kommen und die Spannungen und Probleme kein Ende nehmen. Uns fehlt das Verständnis, dass alles im Fluss und alles im Wandel ist. Und weil uns dieses fehlt, haben wir auch kein Vertrauen, dass sich alles, jeder Gedanke und jedes Gefühl, von selber auflöst.

Mit der Neuausrichtung ändert sich die Sichtweise und wandelt sich unser Leben. Mit der Offenheit und Weite im Zentrum sind wir entspannt und gelassen. Der Lebensraum bleibt offen und in uns ist es weit. Da wir Gedanken und Gefühle als Erscheinungen betrachten, die kommen und gehen, ohne Spuren zu hinterlassen, gibt es kein Eingreifen, kein Festhalten und kein Abwehren. Wenn wir uns die neue Sicht- und Umgangsweise zu eigen machen, verliert der denkende Geist, den zu zähmen uns unmöglich erschien, an Macht und wird sein Einfluss schwächer. Wir im Gegenzug werden stärker und mutiger. Wir haben Humor und Witz. Die Lebensfreude nimmt zu und das Selbstvertrauen wächst an.

Übung:

Setze dich auf einen Stuhl oder mache es dir auf einer festen Unterlage bequem. Danach entspanne, wie an anderer Stelle beschrieben. Hast du dies getan, wähle eine Situation aus deinem Leben aus, in der die auftauchenden Gedanken und Gefühle Spannungen ausgelöst und dich in Schwierigkeiten gebracht haben. Ändere den Blickwinkel und nimm die neue Sichtweise ein. Schaue alles, was auftaucht und du wahrnimmst, als vergängliche, substanzlose Erscheinungen an. Betrachte die Gedanken, Gefühle und Empfindungen wie Wolken am Himmel oder Wellen auf dem Meer, die vorüberziehen und sich von selber auflösen.

Um die neue Sichtweise zu entwickeln, ist es hilfreich, diese Übung regelmäßig auszuführen und sie im Alltag einzusetzen.

Alles annehmen, alles würdigen

Als letzten Punkt geht es darum, alle Gedanken, Gefühle, Empfindungen und Eindrücke anzunehmen und als Ausdruck der inneren Wahrheit zu würdigen. Um dazu in der Lage zu sein, benötigen wir einen neutralen, unabhängigen Bezugspunkt, den Zeugen. Abseits stehend und von äußeren und inneren Geschehnissen losgelöst, befähigt uns das Zeugesein, alles, was wir erleben und uns widerfährt, entspannt und in Ruhe zu betrachten. Mit dem Zeugen als Bezugspunkt, sind wir offen und haben Raum. Der Kopf ist frei und wir sind klar. In uns selber ruhend, können wir uns auf die Vielschichtigkeit und Tiefe des Lebens einlassen und das Dasein in seiner Ganzheit und Einzigartigkeit wertschätzen.

Zeugesein hat nichts mit Gleichgültigkeit oder Abgehobensein zu tun. Gleichgültigkeit bedeutet, dass wir zugemacht haben und uns die Welt nicht interessiert. Abgehobensein hat mit Angst zu tun und ist ein Versuch, über den Dingen zu stehen. Gleichgültigkeit und Abgehobensein sind Reaktionen des denkenden Geistes, mit denen er versucht, sich zu schützen und seine Existenz abzusichern. Zeugesein ist das genaue Gegenteil. Als Zeuge stehen wir mitten im Leben drin. Wir schützen uns nicht und sichern nichts ab. Wir sind betroffen und nehmen Anteil. Wir lassen uns berühren und sind engagiert. Wir lachen, wenn es lustig ist, und weinen, wenn es traurig ist. Wir sprechen, wenn gesprochen wird, und schweigen, wenn es nichts zu sagen gibt. Wir gehen mit den Bewegungen des Lebens mit, bezeugen alles und ruhen dabei in uns selber.

Das Zeugesein befähigt uns, entspannt und gelöst durchs Leben zu gehen und geschickt mit den alltäglichen Herausforderungen umzugehen. Auf den Zeugen bezogen, fällt es uns leicht, den Kopf frei zu halten und das Herz nicht aus den Augen zu verlieren. Und, was von großer Bedeutung ist, als unabhängiger Bezugspunkt, durch den die Kraft der Liebe und die Weisheit des Herzen wirken, schafft der Zeuge eine Brücke, welche uns ermöglicht, die enge, kleine Welt des denkenden Geistes zu verlassen und uns behutsam dem Herzen, der inneren Heimat, anzunähren.

Übung:

Setze dich auf einen Stuhl oder mache es dir auf einer festen Unterlage bequem. Atme einige Male ein und aus und entspanne Körper und Geist. Danach nimm die Haltung des Zeugen ein. Beobachte, was jetzt ist und gerade geschieht. Tue dies ganz entspannt. Greife nicht ein. Verändere nichts. Bezeuge einfach. Wie erfährst du die Welt als Zeuge? Welche Qualitäten und Eigenschaften zeichnen diesen aus? Was verändert sich für dich, wenn du die Haltung des Zeugen einnimmst und das Leben aus diesem Blickwinkel wahrnimmst?

Halte dich im Alltag an den Zeugen. Versuche ein Gespür dafür zu bekommen, wie es ist, wenn du in dir ruhst, du Gedanken, Gefühle, Empfindungen und Eindrücke als vergängliche Erscheinungen betrachtest und du alles als Ausdruck der inneren Wahrheit würdigst.

Eigene Erfahrungen

~

Seit ich meditiere und den spirituellen Weg gehe, halte ich mich an den Zeugen. Vom großen Nutzen des Zeugeseins überzeugt, habe ich es mir zur Gewohnheit gemacht, mich im Alltag an diesen zu halten und die Welt durch seine Augen zu betrachten. Sei dies beim Einkaufen, zu Hause beim Aufräumen, während der Arbeit, bei einem gesellschaftlichen Anlass, vor dem Einschlafen, nach dem Aufwachen oder beim Meditieren, ich versuche mich stets auf den Zeugen zu beziehen und seinen Standpunkt einzunehmen. Das Zeugesein bietet viele Vorteile. Es ist einfach anzuwenden und in allen Situationen einsetzbar. Es unterstützt das Entspannen und Loslassen. Es öffnet den Lebensraum und schafft Platz. Es hilft, den Blickwinkel zu verschieben, und weitet die Sicht. Es ermöglicht, das Festhalten zu lockern und Verstrickungen aufzulösen. Es schwächt den denkenden Geist und hält den Kopf frei. Mit dem Zeugen als Bezugspunkt, fällt es mir leicht, das, was ich gerade erlebe, anzunehmen und als Ausdruck der inneren Wahrheit zu würdigen.

Das Zeugesein benutze ich auch ganz gezielt im Umgang mit Stress- und Konfliktsituationen. Hat ein Ereignis in mir negative Gedanken und unangenehme Gefühle ausgelöst, die Spannungen verursacht oder zu Schwierigkeiten geführt haben, hole ich dieses in einem ruhigen Augenblick nochmals hervor und gehe es erneut durch. Aus der Warte des Zeugen beobachte ich, welche Gedanken aufgetaucht sind und welche Gefühle das Ereignis in mir geweckt hat. Ich ergründe, wo ich eingestiegen bin und festgehalten habe und wie dies zum Aufbau der Spannungen oder Schwierigkeiten beigetragen hat. Dies ermöglicht mir, die Haltung zu festigen und die Sichtweise zu vertiefen. Es hilft mir, den denkenden Geist zu zähmen und das Freisein im Kopf zu festigen.

7

DAS HERZ ÖFFNEN

Judith ist sechsundsechzig Jahre alt. Sie hat drei erwachsene Töchter, die verheiratet und berufstätig sind. Judith lebt alleine im Haus, das sie und ihr Mann Rolf gemeinsam geplant und gebaut haben. Rolf lebt nicht mehr. Er war Ingenieur und besaß ein eigenes Büro. Während der Herbstferien vor acht Jahren, die sie in ihrer Ferienwohnung in Spanien verbrachten, erlitt er einen Schlaganfall. Rolf, den seit längerem gesundheitliche Probleme plagten, erholte sich nicht mehr davon. Einen Monat später starb er. Rolfs Tod war für Judith ein schwerer Schlag. Obwohl sie unterschiedliche Interessen verfolgten und es auch Konflikte gab, hatten sie es gut zusammen. Judith und Rolf, die gewohnt waren, viel und hart zu arbeiten, freuten sich auf die Zeit nach seiner Pensionierung. Sie hatten geplant, die Wintersaision in Spanien zu verbringen und die übrige Zeit in der Schweiz.

Mit Rolfs Tod platzten Judiths Träume und starb die Zukunft. Judith verlor den Halt im Leben und fiel in ein dunkles Loch. Das Dasein erschien ihr leer und sinnlos. Sie hatte Mühe, sich zu motivieren und den Alltag in Angriff zu nehmen. Judith, die es nicht gewohnt war, über ihre Gefühle zu sprechen, wollte mit ihrer Trauer und Not alleine sein. Mit Unterstützung ihrer Kinder und der Anteilnahme von guten Freunden, die sie regelmäßig besuchten, gelang es ihr, die Krise zu bewältigen und ihr Leben neu auszurichten. Wieder bei Kräften und mit neuem Lebensmut wurde Judith aktiv. Sie engagierte sich in einem karitativen Verein, machte Ausflüge mit ihren Freunden und besuchte klassische Konzerte.

Vier Jahre nach dem Tod von Rolf begann sich Judith unwohl zu fühlen. Sie hatte ein Druckgefühl im Magen und Probleme mit der Verdauung. Judith war angespannt und schlief schlecht. Sie hatte Alpträume und lag nachts oft stundenlang wach. Morgens fühlt sie sich müde und schwach. Weil sich ihr Zustand nicht besserte, kontaktierte sie ihren Hausarzt. Dieser untersuchte sie, konnte aber nichts Eindeutiges finden. In Sorgen um ihre Gesundheit und da er eine Befürchtung hegte, überwies er sie ins Spital. Die durchgeführten medizinischen Tests ergaben, dass Judith Krebs hatte. Als sie von der Krankheit erfuhr, brach der Boden unter ihr ein und ihre Welt auseinander. Judith fiel in einen Schockzustand und fühlte sich gelähmt. Außer einer großen Verzweiflung und einem dumpfen Schmerz konnte sie nichts mehr spüren. Judith gab ihre sozialen Tätigkeiten auf und zog sich zurück. Nur ihre Kinder und ein paar gute Freunde durften sie besuchen. Abgesehen von den Besuchen im Spital, wo sie medizinisch betreut wurde und sich einer Chemotherapie unterzog, verließ sie ihr Haus nur selten.

Mit der Krankheit konfrontiert und den Tod vor Augen ging Judith durch die Hölle. Die Vorstellung, dem Krebs hilflos ausgeliefert zu sein und nicht zu wissen, wie es weitergehen würde, war unerträglich. Judith wollte leben und nicht sterben. Sie, die wieder Mut gefasst und das Leben neu entdeckt hatte, war nicht bereit, alles erneut zu verlieren. Einen Monat, nachdem ihr die Diagnose mitgeteilt worden war, begann sich der Schock etwas zu lichten. Die innere Betäubung ließ nach. Die Kopfschmerzen, die sie Tag und Nacht plagten, gingen zurück. Die Lebensenergien, die zu versiegen drohten, begannen zu erwachen und die Kräfte kehrten langsam zurück.

Judith, die nie krank gewesen war, fühlte sich zerbrechlich und dünnhäutig. Nicht nur die Krankheit und deren gesundheitliche Folgen machten ihr zuschaffen, sondern auch die Gefühle, die sie so noch nie erlebt hatte. Morgens nach dem Aufwachen spürte sie eine Trauer, die nicht aufhören wollte. War die Trauer weg, tauchten Verzweiflung und Ohnmacht auf. Hatten sich diese aufgelöst, machten sich Angst und Panik breit. Ließen Angst und Panik nach, erlebte sie meistens eine große Wut über das ihr widerfahrene Schicksal. Und zu guter Letzt war da immer wieder diese Fassungslosigkeit angesichts dessen, was aus ihrem Leben, das sie sich so anders vorgestellt hatte, geworden war.

Tagsüber, wenn sie beschäftigt war oder Besuch hatte, ging es einigermaßen. Judith war ruhiger und fühlte sich sicherer. Die unangenehmen Gedanken und angstvollen Gefühle waren zwar noch da, hielten sich aber in Grenzen. Schlimm war es nachts, wenn es still wurde und sie im Bett lag. „Warum gerade ich?", „Bin ich nicht schon genug geprüft worden?", „Was habe ich falsch gemacht?" und „Darf es mir einfach nicht gut gehen?" waren Gedanken, die ihr durch den Kopf gingen und ihr den Schlaf raubten. Und mit den Gedanken tauchten immer auch die bedrohlichen Gefühle auf. Judith war heilfroh, wenn es Tag wurde, sie aufstehen und etwas im Haushalt machen konnte.

Da die Anspannung größer wurde und Judith nicht mehr zur Ruhe kam, begab sie sich auf Anraten ihres Hausarztes in psychotherapeutische Behandlung. Judith war unsicher und zögerte zuerst. Die Vorstellung, sich einer fremden Person anzuvertrauen und über die eigenen Probleme sprechen zu müssen, bereitete ihr Sorgen. Trotz der Bedenken, entschied sie sich, diesen Schritt zu wagen und professionelle Hilfe in Anspruch zu nehmen. Die Bedenken und die Unsicherheit verflogen schnell. Schon beim ersten Kontakt fühlte sich Judith wohl und verstanden. Die Psychotherapie wurde für sie zu einer wichtigen Stütze. Judith war froh, einen Ort zu haben, wo sie über ihre Sorgen, Befürchtungen und Ängste sprechen konnte. Es tat ihr gut, jemanden zur Seite zu haben, der auf sie einging und ihr Trost und Mut spendete.

Anfänglich hatte Judith Schuldgefühle und ein schlechtes Gewissen. Sie, die immer für alle anderen da gewesen war, war es nicht gewohnt, sich mit sich selber zu befassen. Sie war scheu und reagierte verlegen. Sie glaubte, egoistisch zu sein und die kostbare Zeit des Psychotherapeuten zu vergeuden. Nachdem die Schuldgefühle und das schlechte Gewissen nachließen und die Scheu und Verlegenheit wichen, war Judith gelöster und entspannter. Es fiel ihr leichter, über das, was sie belastete, zu sprechen und die Gedanken und Gefühle zuzulassen. Judith wurde ruhiger und ihr Körper entkrampfte sich. Obwohl sie weiterhin mit angstvollen Gefühlen konfrontiert wurde, negative Bilder sie in Beschlag nahmen und die Ungewissheit über den Ausgang ihrer Krankheit ihr zu schaffen machte, gelang es ihr, ihre schwierige Situation besser anzunehmen.

Um Judith zu helfen, Ruhe zu finden, Energie aufzubauen und den Kopf zu leeren, bekam sie einfache Übungen gezeigt, die sie für sich zu Hause durchführte. Als besonders wirkungsvoll erwiesen sich das Tonglen und die Heilsame Acht. Bei der Praxis des Gebens und Nehmens, wie das Tonglen auch genannt wird, atmen wir alles Negative und alles Leid ins Herz ein. Dort wird es gereinigt und transformiert. Mit dem Ausatmen schicken wir uns selber und den Mitmenschen alles Gute und Liebe zu. Bei der Heilsamen Acht lassen wir den Atem in der Form der Zahl Acht über das Herz durch den Körper fließen. Wir beginnen am Ende der Wirbelsäule und atmen bis zur Höhe des Herzens. Von dort fließt der Atem durch das Herz an der Vorderseite hoch zum Scheitelpunkt. Danach atmen wir an der Hinterseite hinunter, wechseln auf der Höhe des Herzens die Seite und gelangen so wieder zur Wirbelsäule. Das Tonglen und die Heilsame Acht sind effektive Werkzeuge, die einfach anwendbar sind. Atmen wir in der beschriebenen Weise, rückt das Denken in den Hintergrund und der Kopf beginnt sich zu leeren. Der Lebensraum öffnet sich und die Lebensenergien fließen. Das Festhalten lässt nach und das Abwehren geht zurück. Das Loslassen und Entspannen geschehen von alleine. Spannungen fallen ab und emotionale Störungen lösen sich auf. Wir werden still und sinken ins Herz ab.

Judith, die noch nie Entspannungs- oder Atemübungen gemacht hatte, war froh, geeignete Werkzeuge zur Hand zu haben. Sie gaben ihr Halt und ein sicheres Gefühl im Alltag. Sie halfen ihr, das Loslassen und Entspannen zu vertiefen, das Festhalten und Greifen zu lockern und aus dem endlosen Drehen im Kopf, in das sie immer wieder hineingeriet, auszusteigen. Judith war dankbar dafür, dass es ihr mit Unterstützung der Übungen leichter fiel einzuschlafen, die Nächte ruhiger wurden und sie nur noch selten Alpträume hatte.

Die psychotherapeutische Begleitung, die Übungen und die sich ändernde Haltung hatten positive Wirkungen. Judith war gelassener und entspannter. Sie hatte mehr Energie und mehr Kraft. Das Vertrauen ins Leben kehrte zurück, ebenso der Humor. Judith traute sich mehr zu und wurde wieder aktiv. Sie traf sich mit Freunden und genoss es, Tee zu trinken und Karten zu spielen. Sie machte ihre Spaziergänge und legte regelmäßig Ruhephasen ein. Sie erlebte eine Ruhe, die größer, und eine Zuversicht, die tiefer wurde.

Sieben Monate, nachdem Judith mitgeteilt worden war, dass sie Krebs hat, brachte ihre mittlere Tochter ein Kind zur Welt. Für Judith, die so viel Schweres durchgemacht hatte, war dieses ein freudiges Ereignis und großer Lichtblick. Als sie ihre Enkelin zum ersten Mal in den Armen hielt und diese sie mit ihren großen, blauen Augen anstrahlte, war Judith tief berührt und vollständig überwältigt. Das Strahlen der Augen ihrer Enkelin faszinierte sie und ließ sie nicht mehr los. Judith war sprachlos vor Freude und erfüllt von Glück. Sie brach in Tränen aus und konnte sich kaum mehr fassen.

Das Zusammensein mit ihrer Enkelin war nicht nur bewegend, sondern es öffnete ihr Herz. In Judith erwachte eine Liebe, die keine Grenzen kannte und die alles Dunkle und Schwere vertrieb. Sie hatte das Gefühl, angekommen und zu Hause zu sein. Bis zum Herbst, bis zum Zeitpunkt, als ihr mitgeteilt wurde, dass sie Krebs hatte, hatte Judith gut funktioniert, nicht aber wirklich gelebt. Sie war unzufrieden und fühlte sich unglücklich. Sie spürte, dass in ihrem Leben etwas fehlte und sie etwas vermisste. Doch weder wusste sie, was es war, noch getraute sie sich, dies einzugestehen. Gelernt, streng mit sich selber zu sein, nahm sie sich zusammen und arrangierte sich mit ihrem Zustand. Sie arbeitete hart und war für alle da, nur nicht für sich selber. Dass ihr Herz zugeschüttet war und die Lebensenergien nur spärlich flossen, nahm sich gar nicht wahr.

Fünf Monate, nachdem Judith Großmutter geworden war, starb sie. Wie ihre Kinder berichteten, war sie in den letzten Monaten ihres Lebens wie verwandelt. Trotz der Krankheit, der Ungewissheit über deren Ausgang und der angeschlagenen körperlichen Verfassung war sie gelassen und heiter. Sie klagte nicht und sie beschwerte sich nicht. Sie freute sich über jeden Besuch und war dankbar für jeden neuen Tag, den das Leben ihr schenkte. Bis zum letzten Atemzug, bis sie sanft einschlief, strahlte sie einen großen Frieden und eine herzerwärmende Güte aus und war von Liebe erfüllt.

DAS HERZ EINLADEN UND ZUM LEBEN ERWECKEN

~

Unser Herz ist nicht offen und kraftvoll, sondern verschlossen und ohne große Ausstrahlung. Dass dies so ist und dass uns etwas Grundlegendes im Leben fehlt, ist uns normalerweise gar nicht bewusst. Wir haben uns an ein verschlossenes, kaltes Herz gewöhnt. Meistens braucht es ein außerordentliches Ereignis wie den Tod einer uns nahestehenden Person, eine neue Liebschaft oder die Geburt eines Kindes, dass sich unser Herz öffnet und wir dessen Kraft und Strahlen zu spüren bekommen. In solchen Momenten fühlen wir uns überwältigt und tief berührt. Wir sind fassungslos und staunen. Uns wird bewusst, dass das Leben mehr beinhaltet, als wir angenommen haben, und in uns ein unbeschreibliches

Potential schlummert. Solche Momente dauern meisten nur kurz. Kaum dass sie vorüber sind, arrangieren wir uns wieder in der uns bestens vertrauten kleinen Welt und machen weiter wie bisher. Wir hetzen durch den Tag und sind beschäftigt. Der Kopf ist voll und das Herz, das wir für einen Augenblick wahrgenommen haben, wieder zu.

Denkanstöße:

- *Wie steht es um dein Herz?*
- *Bedeutet „Herz" für dich etwas oder ist dies lediglich ein leerer Begriff?*
- *Nimmst du dein Herz wahr?*
- *Wie fühlt es sich an?*
- *Hast du Zugang zur inneren Quelle und spürst du dessen Kraft und Strahlen?*
- *Wenn nicht, wie lebt es sich mit einem verschlossenen, kalten Herzen?*

Hast du dich auch schon gefragt, weshalb es die Weisen einfacher haben als wir und sie so unbeschwert und glücklich sind? Was machen sie anders? Was unterscheidet sie von uns? Die Weisen haben einen freien, leeren Kopf und ein strahlendes, volles Herz. Sie halten an nichts fest und weisen nichts zurück. Für sie gibt es nichts aufrechtzuerhalten und keine Existenz abzusichern. Sie leben in der Gegenwart und schöpfen aus dem Jetzt. Sie freuen sich an dem, was der Alltag ihnen zu bieten hat, und nehmen das Leben an, so wie es ist. So unbeschwert und frei wie sie sind, lässt es sich natürlich sehr gut leben. Wenn wir erfüllt und glücklich sein möchten, müssen wir es ihnen gleichtun.

Was aber bedeutet dies? Wie müssen wir vorgehen? Worauf kommt es an? Als erstes müssen wir zur Existenz des Herzens ja sagen. Dann müssen wir ein Gespür für dessen Präsenz entwickeln und uns für sein Auftauchen im Alltag sensibilisieren. Um dazu in der Lage zu sein, müssen wir den Kopf leeren und die Aufmerksamkeit nach innen richten. Wir müssen still werden und lauschen. Wenn wir still sind und lauschen, lichtet sich der Schleier, der das Herz zudeckt und uns glauben lässt, wir seien von der inneren Quelle abgeschnitten. Das Herz, das immer mit uns ist, bekommt Platz und tritt hervor. Es entfaltet seine Kraft und sein Strahlen bringt alles Schwere und alle Verdunkelungen zum Verschwinden.

Übung:

Setze dich auf einen Stuhl oder mache es dir auf einer festen Unterlage bequem. Danach entspanne, wie an anderer Stelle beschrieben. Hast du dies getan und bist offen und weit, richte deine Aufmerksamkeit nach innen. Suche nichts und mache nichts. Lausche in die Stille hinein und achte auf das, was gerade jetzt da ist. Lausche wieder und wieder. Wenn du lauschst und dich der Stille hingibst, beginnst du die Präsenz von etwas Kraftvollem wahrzunehmen. Dieses kraftvolle Etwas ist das Herz.

Schaffe im Alltag Platz für das Herz und lade es ein. Entwickle ein Gespür für sein Auftauchen und sensibilisiere dich für seine Existenz. Während des Tages erinnere dich immer wieder an das Herz und verliere es bei deinen alltäglichen Verrichtungen nicht aus den Augen.

DAS HERZ ERWACHT

~

Wie aber erkennen wir, dass wir auf dem richtigen Weg sind und das Herz dabei ist, sich zu öffnen? Welche Anzeichen treten auf? Worauf müssen wir achten? Zu den wichtigsten Anzeichen, die zum Herzen gehören und sein Erwachen begleiten, gehören: Energie, Mitgefühl, Transparenz, Weisheit, Frieden, Leerheit und Liebe.

Energie

Eines der ersten Anzeichen, das beim Erwachen des Herzens auftritt, ist ein generelles Anwachsen der Energie. Zu spüren bekommen wir dies dadurch, dass es in uns wärmer wird und sich eine wohltuende Entspannung breitmacht. Alles Starre und Harte weicht auf und alles Einengende und Begrenzende wird weniger. Wir sind gelöster und lockerer. Wir fühlen uns leichter und beweglicher. Der Lebensstress nimmt ab und das Getriebensein lässt nach. Wir erleben eine anregende Frische und eine wohltuende Lebendigkeit.

Das Anwachsen der Energien hat weitere positive Auswirkungen. Körperliche Spannungen beginnen sich aufzulösen und somatische Beschwerden gehen zurück. Wir fühlen uns vitaler und verfügen über mehr Kraft. Emotional sind wir ausgeglichener und psychisch stabiler. Im Kopf sind wir klarer und geistig wacher. Wir können besser loslassen und es fällt uns leichter, mit unangenehmen Situationen umzugehen. Die Gegenwart nehmen wir deutlicher wahr und die Verbindung zum Dasein wird stärker.

Mitgefühl

Ein weiteres Anzeichen, das mit dem Erwachen des Herzens einhergeht, ist Mitgefühl. Mitgefühl entspringt dem Herzen und bringt dessen Potential zum Vorschein. Mit dem Anwachsen des Mitgefühls wandelt sich unser Leben. Wir werden offener und sanfter und verhalten uns toleranter und nachsichtiger. Uns selber gegenüber sind wir freundlicher und großzügiger. Wir hören auf, uns unter Druck zu setzen und für begangene Fehler zu verurteilen. Die Schuldgefühle gehen zurück und das schlechte Gewissen wird schwächer. Den Mitmenschen begegnen wir wohlwollend und verständnisvoll. Statt nur an uns selber zu denken und für die eigenen Vorteile einzustehen, können wir einen Schritt zurücktreten und anderen den Vortritt lassen. Uns ist bewusst, dass alle Menschen gleich und wir für das Überleben aufeinander angewiesen sind.

Es existiert ein weit verbreitetes Missverständnis zwischen Mitgefühl und Mitleid. Beim Mitleid hat der denkende Geist das Sagen. Wir fühlen uns zwar betroffen und nehmen Anteil am Schicksal anderer, sind innerlich aber distanziert und heilfroh, dass es nicht uns betrifft. Beim Mitgefühl ist dies anders. Hier steht das Herz im Zentrum. Es gibt weder Distanz noch Abwehr. Wir ruhen in uns selber und sind durchlässig. Wir fühlen mit und lassen uns ohne Wenn und Aber auf unser Gegenüber ein.

Transparenz

Transparenz ist ein weiteres Anzeichen, das sich einstellt, wenn das Herz erwacht. Die Zunahme der Energie, das Anwachsen des Mitgefühls und das Mehr an Raum öffnen die Sicht und weiten den Blick. Dinge, die wir früher als starr und solid wahrgenommen haben, erscheinen in einem anderen Licht. Sie verlieren ihre vorgegebene Form und feste Struktur und werden durchlässig und transparent. Das, was für uns zuvor schwer und dunkel gewesen war, wird leicht und hell. Der Alltag erhält eine leuchtende, strahlende Qualität und das Dasein erwacht zu neuem Leben.

Das Phänomen Transparenz wird häufig zuerst in der Meditation erfahren und wahrgenommen. Mit dem Anwachsen der Herzkraft wird das Strahlen stärker und umfassender. Dies führt dazu, dass die Transparenz auch im alltäglichen Leben auftritt und erlebt wird. Das Auftauchen der Transparenz führt uns vor Augen, dass die Welt, und alles, was sie beinhaltet, instabil, in permanenter Bewegung und mit Energie beseelt ist.

Weisheit

Wir verfügen über ein breit abgestütztes, intellektuelles Wissen. Dieses hat sich im Laufe der Jahre aufgebaut und vertieft. Es setzt sich aus Gehörtem, Erlebtem, Einsichten, Konzepten, Theorien, Mythen und Überzeugungen zusammen. Intellektuelles Wissen ist wichtig und notwendig zugleich. Es ermöglicht uns, neue Dinge zu lernen, Zusammenhänge zu verstehen und Schlussfolgerungen abzuleiten. Es hilft uns, zu kommunizieren, Erlebnisse einzuordnen und uns im Alltag zurechtzufinden. Intellektuelles Wissen ist linear und zeichnet sich durch Logik aus.

Intellektuelles Wissen und Weisheit sind nicht dasselbe. Intellektuelles Wissen kann erworben und aufgebaut werden, Weisheit nicht. Weisheit ist nichts, das uns persönlich gehört und über das wir willentlich verfügen können. Weisheit ist universelles Wissen, das nicht dem Intellekt, sondern dem Herzen entspringt. Weisheit wird uns zuteil, wenn der Kopf frei ist, es in uns still wird und wir nach innen lauschen.

Weisheit ist nicht linear und folgt keiner bestimmten Logik. Weisheit ist spontan und unberechenbar. Sie schöpft aus der inneren Quelle und ist auf die Gegenwart bezogen. Weisheit ist ein Wissen, das die innere Wahrheit zum Ausdruck bringt und das Dasein in seiner Ganzheit und Tiefe erfasst. Weisheit hat etwas Verspieltes und Humorvolles. Sie kennt weder Grenzen noch Hindernisse. Sie hält uns auf Kurs und führt uns sicher durch den Alltag. Und es ist die Weisheit, die uns daran erinnert, dass das Leben ein unbeschreibliches Wunder ist und uns hilft zu erkennen, wer wir sind.

Frieden

Ein weiteres Anzeichen, das mit dem Erwachen des Herzens einhergeht, ist Frieden. Frieden ist mehr und umfassender als Ruhe. Ruhe ist ein instabiler, vergänglicher Zustand, der erzeugt werden kann. Im Kopf führt Ruhe zum Nachlassen der Gedanken und im Körper zu einer Entspannung. Tauchen erneut Gedanken auf und ist der Kopf wieder voll, sind die Entspannung und Ruhe weg. Frieden ist nichts Vergängliches oder Vorübergehendes. Frieden kann weder erschaffen noch erzeugt werden. Frieden geht über den denkenden Geist hinaus und hat mit Demut und Hingabe zu tun.

Frieden stellt sich ein, wenn das Herz seine Kraft entfaltet und es in uns still wird. Wird die Stille tiefer und umfassender, ebnet sie den Weg zum Frieden. Im Frieden ist alles, so wie es ist, ganz, vollkommen und heil. Im Frieden gibt es kein Ich und kein Du, kein Subjekt und kein Objekt, kein Außen und kein Innen; nur Einssein. Die Aura, die den Frieden umgibt und von diesem ausgeht, ist ungemein ansteckend. Sie überträgt sich auf andere Personen und die Umwelt und lässt eine Atmosphäre stiller Andacht entstehen.

Leerheit

Mit dem Anwachsen der Herzkraft beginnen wir klarer zu sehen und dabei offenbaren sich uns grundlegende Zusammenhänge. Uns wird bewusst, dass alles, wir eingeschlossen, vergänglich und dem Wandel unterworfen ist. Wir erkennen, dass alle Dinge in wechselseitiger Abhängigkeit zueinander stehen und sich gegenseitig bedingen. Und, als zentraler Punkt, uns wird klar, dass die Welt und alles, was sie beinhaltet, zwar existieren, jedoch leer sind. Leer bedeutet, dass sie über keine inhärente Existenz verfügen oder eigenständige Identität besitzen, aber voll von Energie und Liebe sind.

Das Erkennen der Leerheit ist befreiend und erleuchtend zugleich. Gedanken und Gefühle tauchen auf und vergehen, ohne Spuren zu hinterlassen. Erfahrungen werden gemacht und Vorkommnisse beobachtet. Das Leben bewegt sich und die Welt dreht sich. Wir stehen mitten drin und nehmen das Ganze staunend wahr. An der Oberfläche geschieht viel, im Inneren aber ist es still und gibt es niemanden, der etwas macht oder etwas tut.

Liebe

Eines der letzten Anzeichen, das mit dem Erwachen des Herzen auftritt, ist Liebe. Es gibt sehr unterschiedliche Auffassungen über die Liebe und Interpretationen. Diese sind geprägt von gesellschaftlichen Normen, kulturellen Mythen und persönlichen Erfahrungen. Verliebtsein und Liebe werden gerne miteinander verwechselt. Verliebtsein ist ein vorübergehender Zustand, der mit dem Gefühl von „Schmetterlingen im Bauch haben" umschrieben wird. Liebe ist etwas völlig anderes.

Liebe ist kein Gefühl und auch kein Zustand. Liebe ist nichts Verklärtes, Romantisches, Esoterisches oder Abgehobenes. Liebe kann mit Worten umschrieben, jedoch nicht erfasst werden. Wir können nach der Liebe greifen, sie aber nirgends finden. Die Liebe, so hat es den Anschein, ist etwas Rätselhaftes und Mysteriöses. Dem ist jedoch nicht so.

Das Problem mit der Liebe ist, dass sie uns so nahe ist, dass wir sie übersehen. Die Liebe ist die Energie, die alles hervorbringt und alles Leben ermöglicht. Sie ist die Quelle, die ständig fließt und uns mit den Mitmenschen und der Welt verbindet. Sie ist die Essenz, die uns inspiriert, und die Kraft, die uns gesund hält. Dass wir die Liebe in uns tragen und die Liebe sind, wird uns dann bewusst, wenn das Herz offen ist und wir im Frieden sind. In solchen Momenten gibt es nichts außer Liebe und existiert nichts außer Sein.

DRANBLEIBEN!

~

Damit das Herz sich öffnen und es seine ganze Kraft entfalten kann, müssen wir dranbleiben. Dranbleiben erfordert Geduld, Beharrlichkeit und Achtsamkeit und bedeutet, auf das Herz bezogen zu leben und dieses nicht mehr aus den Augen zu verlieren. Dranbleiben wirkt dem Vergessen entgegen und ermöglicht uns, offen und empfänglich zu bleiben. Wenn wir dranbleiben, beginnt sich der Schleier, der das Herz zudeckt, zu lichten und wir nehmen seine Präsenz im Alltag immer deutlicher wahr. Für das Herz sensibel geworden, erkennen wir, auf welche Weise es sich manifestiert und wie es seine Kraft entfaltet. Bleiben wir standfest und bleiben wir dran, ebnet dies den Weg, der uns zurück zur Quelle, zum Herzen führt.

Beim Öffnen des Herzens und dem Erwecken seiner Kraft gibt es nichts, das im Verborgenen bliebe und dem wir ausweichen könnten. Alle Widerstände und Hindernisse, jedes Abwehren und Festhalten, alle Konzepte und Muster, einfach alles, was zum denkenden Geist gehört, wird aktiviert und an die Oberfläche gespült. Wir können uns nicht verstecken und nicht ausweichen. Wir können weder verhandeln, abschwächen noch den Vorgang beeinflussen. Wir können weder mitbestimmen noch entscheiden, was wir haben möchten und was nicht. Es gibt keine Strategien, die den Weg abkürzen, und keine Techniken, die den Prozess beschleunigen.

Das Einzige, was wir tun können, ist loslassen, still werden und uns ergeben. In der Hingabe an die Stille des Seins geschieht das, was uns zuvor unvorstellbar erschien und wir nicht für möglich hielten. Der Raum öffnet sich und der Schleier lichtet sich. Das Herz tritt hervor und strahlt in seiner ganzen Kraft. Von Friede und Liebe erfüllt, schließt sich der Kreis. Wir sind dort, wo wir schon immer waren und immer sein werden – in unserem Zuhause.

Eigene Erfahrungen

~

Das Loslassen und Ergeben ereignete sich völlig überraschend und unerwartet. Es war ein warmer Herbsttag. Ich war zu Hause und goss einen Tee auf. Danach setzte ich mich aufs Sofa und wartete, bis der Tee kalt genug war, damit ich ihn trinken konnte. Plötzlich geriet in meinem Inneren alles in Bewegung. Vergleichbar einem mehrstöckigen Gebäude, bei dem ein Stockwerk nach dem anderen einstürzt, fiel mein ganzes Lebensgebäude in sich zusammen. Ich erlebte weder Angst noch Panik, sondern Freude und Erleichterung. Der Friede, der sich in mir ausbreitete, war unermesslich und die Kraft, die meinem Herzen entsprang, grenzenlos.

Weitere Bücher aus dem Verlag Via Nova:

In der Fülle leben

Tore zur Erfahrung des großen Mysteriums
Hanspeter Ruch

Hardcover, 144 Seiten, ISBN 978-3-86616-085-9

In diesem Buch gibt der Autor, Psychologe und Psychotherapeut wertvolle Anregungen, wie wir das Bewusstsein erforschen und uns für das große Mysterium, das Sein, öffnen können. In einführenden Texten zeigt er die Zusammenhänge zwischen der Funktionsweise des denkenden Geistes und des Ich auf. Wenn wir positive Qualitäten wie Achtsamkeit, innere Kraft,Vertrauen, Mitgefühl und Offenheit fördern, können wir loslassen und innerlich Raum gewinnen. Der denkende Geist, der bisher im Zentrum stand und unser Fühlen, Denken und Handeln geprägt hat, verliert an Macht und Einfluss.Wenn wir uns auf die innere Quelle, unser Sein, beziehen und uns von dessen Weisheit leiten lassen, erfährt unser Dasein einen tiefgreifenden Wandel. Alltägliche Erfahrungen können wir nutzen, uns selber zu erkennen, uns anzunehmen und mit dem Leben Freundschaft zu schließen. Dieses zentrale Anliegen des Autors, der selbst als Psychologe mit eigener Praxis Meditationsgruppen und Fortbildungskurse leitet, wird in diesem Buch deutlich und eindringlich dargelegt.

Burnout:
Aus der Erschöpfung in die Kraft

Hanspeter Ruch

2. Auflage

Taschenbuch, 160 Seiten, ISBN 978-3-86616-178-8

Burnout ist primär ein energetisches Problem, das sich schleichend entwickelt. Ursachen sind Stress, chronische Überlastung, Mangel an Erholung und an Ausgeglichenheit. Um ein Burnout zu bewältigen, muss man sein Leben neu ausrichten. Anhand von Fallbeispielen und Übungen wird aufgezeigt, wie Betroffene mit der Krise umgehen können. Eine Checkliste der Burnout-Anzeichen dient als Orientierungshilfe. Der Antistress-Lebensplan hilft, bei Kräften zu bleiben, den Alltag besser zu bewältigen und auf seine Gesundheit zu achten.

Unsere Geschichte – unser Potential

Wir vorgeburtliche Erlebnisse und Geburt unser Leben prägen
Hanspeter Ruch

Hardcover, 200 Seiten, ISBN 978-3-928632-89-8

Die Wurzeln emotionaler Probleme reichen häufig nicht nur in die Kindheit, sondern viel weiter zurück zu den Anfängen unseres Werdens: zur Geburt und in die vorgeburtliche Zeit. Das vorliegende Buch bringt Licht in diesen entscheidenden Lebensbereich, der von der Psychologie bisher fast vollständig ausgeblendet wurde. Entgegen der gängigen Auffassung sind wir vom Moment der Zeugung an fühlende Wesen. Das bedeutet, dass wir bereits im Mutterleib wahrnahmen, ob wir geliebt oder abgelehnt wurden. Unsere Geburt erlebten wir hautnah, mit allen Gefühlen und Empfindungen. Nie wieder in unserem Leben sind wir so empfänglich und so sensibel, wie wir das in dieser ersten Phase unseres Seins waren. Wie wichtig und prägend der erste Abschnitt unserer Geschichte für unsere Entwicklung, für unsere psychische und körperliche Gesundheit ist, und wie die dabei entstandenen störenden Grundmuster geheilt werden können, wird in diesem Buch beschrieben.

In der Stille wieder leben lernen

Die Übung des Schweigens in einer lauten Welt

Max Lang

Taschenbuch, 192 Seiten, 16 Bilder, ISBN 978-3-86616-213-6

Max Lang hat ein neues und tiefgründiges Buch über die Bedeutung der Stille geschrieben. Ausgehend von der Befindlichkeit der Menschen und den Lebensformen, die sich in der heutigen Zeit daraus ergeben, weist er auf den Weg der Stille hin, auf dem sich neue Einstellungen erschließen und andere Verhaltensweisen als bisher möglich werden. Aber die Stille ist nicht nur Weg, sondern auch Ziel, da sie den Grund und Ausgangspunkt für ein erfülltes und glückendes Dasein bildet. Damit Stille diesen Ansprüchen gerecht werden kann, muss sie geübt werden. Hierfür enthält dieses Buch entsprechende Anregungen und Übungsvorschläge.

Die inneren Heilkräfte erwecken

Heilung von • Krankheiten • Beziehungen • Lebensumständen

Chuck Spezzano

Hardcover, 256 Seiten, ISBN 978-3-86616-259-4

Hinter unseren Krankheiten, Beziehungs- und Lebensproblemen stecken sehr oft unbewusste und unterbewusste Lebensmuster. Diese in ihrer ganzen Tiefe zu erkennen und aufzulösen, um ein gesundes und erfülltes Leben zu führen, dazu lädt das neue Buch von Chuck Spezzano ein. Das Besondere dieses neuen Meisterwerkes ist, dass der Leser hier Erkenntnisse, Methoden und Techniken findet, die aus Spezzanos unmittelbarer, über 35-jährigen therapeutischen Arbeit stammen. Dieses Buch vermittelt lebendiges Wissen und vitale Weisheiten mit sehr praxisbezogenen Methoden und Übungen. Ein heilsamer Ratgeber und weiser Begleiter auf der Reise zu sich selbst, zu mehr Gesundheit, Zufriedenheit und Lebensfreude.

Karten des Lebens

Lebensgeschichten erkennen und heilen

Chuck Spezzano

6. Auflage

100 künstlerisch gestaltete farbige Karten mit Begleitbuch,
224 Seiten, ISBN 978-3-86616-028-6

Die Drehbücher oder Geschichten, die unser Leben bestimmen, schreibt jeder Mensch selbst. Die Karten des Lebens – das neue Karten-Set des bekannten Lebenslehrers Chuck Spezzano – zeigen die Geschichten, die wir in unserem Leben erzählen, ganz gezielt auf. Es können fröhliche und kraftvolle, aber auch dunkle und zerstörerische Geschichten sein. Wir schreiben sie oft in Sekundenbruchteilen, tragen sie und ihre Folgen aber ein Leben lang mit uns. Negative Geschichten aus der Vergangenheit zu heilen und positive, lebensbejahende Geschichten zu stärken ist ein Herzensanliegen von Chuck Spezzano und ein Eckpfeiler seiner Arbeit. 100 wunderschöne, von der deutschen Künstlerin Petra Kühne einfühlsam gestaltete Karten sowie ein Begleitbuch, das die tiefere Bedeutung jeder einzelnen Karte erklärt und Beispiele für verschiedene Befragungsmöglichkeiten enthält, geben dem Leser ein ideales Werkzeug an die Hand, mit dessen Hilfe er seine Lebensmuster erkennen, negative und destruktive Muster heilen und dadurch zu mehr Glück und größerer Fülle im Leben gelangen kann.

Ruheloser Geist trifft Achtsamkeit

Aus der Zeit in den Moment

Matthias Dhammavaro Jordan

Taschenbuch, 160 Seiten, ISBN 978-3-86616-252-5

Einfachheit und Tiefe sind die Qualitäten dieses Buches. Der ehemalige buddhistische Mönch spricht aus eigener Erfahrung, verständlich, unterhaltsam, lehrreich, inspirierend und mitten im Leben stehend. Sofort findet der Leser sich selbst wieder und wird behutsam und fundiert an essentielle Weisheiten herangeführt. Vor allem aber zeigt das Buch, sowohl bei den Betrachtungen über die Wirkungsweise des menschlichen Geistes als auch bei den Meditationsanleitungen, wie man durch bewusstes Üben der Achtsamkeit innere Ruhe und Frieden finden und ein entspanntes und erfülltes Leben führen kann. Zeit ist kostbar und dieses Buch zeigt uns den Weg vom Hier ins Jetzt und, wie wir den Reichtum des Augenblicks neu erleben und wertschätzen können.

Alles ist da – du musst es nur finden

Mystische Erfahrungen im Alltag

Gisela Zuniga

Taschenbuch, 208 Seiten, ISBN 978-3-86616-251-8

Viele Menschen in unserer Zeit suchen nach religiöser Erfahrung, sehnen sich nach Spiritualität. Eine erfahrene Meditationslehrerin macht sich mit dem Leser auf die Spur seiner tiefsten Sehnsucht. Sie begleitet ihn auf dem Weg zur Vereinigung mit dem letzten Geheimnis, mit seinem tiefsten Grund, mit Gott. Sie lehrt den spirituellen Weg der Kontemplation. Sie führt in die Stille, um hinter der Stille des letzten Geheimnisses gewahr zu werden, in die Fähigkeit des Loslassens und zur Erfahrung des wahren Selbst. Es ist der Weg von der Oberfläche in die Tiefe, vom Haben zum Sein, aus der Zerstreutheit zurück in den Ursprung. Jeder Mensch, so sagt die Autorin, ist fähig, in ein Höheres Bewusstsein zu erwachen und ein Leben aus der Kraft des Seins zu führen, ohne Angst, ohne Sorge, in Freiheit und Liebe.

Die Vision vom göttlichen Menschen

Eine spirituelle Weg-Begleitung in das neue Jahrtausend

Barbara Schenkbier

Paperback, 424 Seiten, 21 ganzseitige Bilder, ISBN 978-3-928632-68-3
Prachtband: Geb., 424 Seiten, Einband Kunstleder mit Goldaufdruck,
21 ganzseitige Bilder, Zweifarbendruck, ISBN 978-3-928632-18-8

Das Buch ist ein umfassendes Standardwerk, das den Durchbruch einer neuen Evolutionsstufe im Bewusstsein des Menschen vorbereiten hilft. Aufbauend auf wissenschaftlichen Erkenntnissen und der mystischen Tradition aller Religionen führt es zu einem tieferen Wissen über das menschliche Bewusstsein, um dann den Weg zum göttlichen Menschen zu beleuchten. Alle wichtigen Schritte werden beschrieben, wesentliche Übungen aus einer neuen Sicht heraus dargestellt und die Transformationsstufe zu einem neuen Bewusstsein geschildert. Beim Lesen und Anwenden der beschriebenen Wahrheiten eröffnet sich dem Leser eine neue Sicht auf den Sinn des Lebens. Alle, die den geistigen Weg beschreiten, werden ihn besser verstehen, ihn bewusster, mutiger und konsequenter weitergehen. Das Buch ist aus der eigenen spirituellen Erfahrung der Autorin heraus geschrieben und eröffnet den Blick in eine Zukunft, die die evolutionäre Schöpferkraft selbst schaffen wird.

Das Buch der Selbstheilung

Mit Imagination die inneren Potentiale stärken und entfalten
Heilsame Übungen für die Reise nach innen
Alexandra Kleeberg

Paperback, 352 Seiten, ISBN 978-3-86616-244-0

Die Autorin komponiert Selbstheilungstechniken aus verschiedenen Kulturen und Zeiten in einen für uns heutige Menschen entwickelten Kanon der Heilung: Wo die Energie den heilenden Vorstellungen, den inneren Bildern folgt, verwirklicht sich Gesundheit im Körper. Auf spielerisch leichten und tiefgründig weisen Pfaden werden die Leser/Innen durch das Kraftfeld der Imagination geführt. Sie können eintauchen in das Meer unendlicher Möglichkeiten und Heilung erlangen. Mit Exkursen in die Welt der Forschung und der Einbeziehung der Archetypen von C.G. Jung, mit einer begeisterten Beschreibung der wichtigsten gesundheitsfördernden Grundeinstellungen, mit bunten Imaginationen und vielen praktischen Übungen werden Verstand, Seele und Körper ganzheitlich aktiviert, damit sich Selbstheilung vollzieht. Schon beim Lesen kann Heilung beginnen.

Das One-Bewusstsein

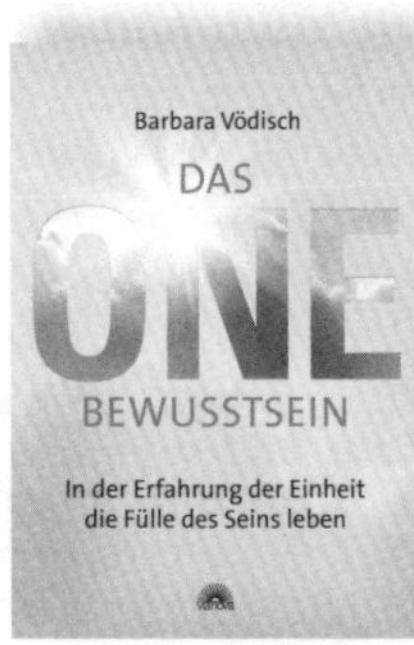

In der Erfahrung der Einheit die Fülle des Seins leben
Barbara Vödisch

Paperback, 192 Seiten, ISBN 978-3-86616-261-7

Jetzt ist die Zeit, den Sprung von einer dualen Weltsicht, die trennt und auf Angst und Mangel basiert, in das Bewusstsein der Einheit und Fülle zu vollziehen. Willst du, dass deine Probleme enden, deine Beziehungen liebevoll und erfüllend sind? Sehnst du dich nach einer menschlicheren Welt, nach mehr Leichtigkeit und Liebe in deinem Leben? Wenn du es nicht mehr bei der Theorie belassen, sondern wirklich den Bewusstseinssprung vollziehen und in der Fülle des Seins leben willst, fordert dieses Buch von dir alles. Es packt dich, enttarnt deine Illusionen, hilft dir, dich von deinen Verstrickungen und jeglichen Leiden zu lösen und endlich glücklich und eins mit allem zu sein. Barbara Vödisch lebt seit über 12 Jahren in diesem Bewusstsein. Um dieses auch anderen zu eröffnen, hat sie in der Arbeit mit vielen Menschen ein einfaches und effektives System zum Erwachen in der Einheit entwickelt.

Das Paradies ist in dir

Der Weisheit des Körpers vertrauen –
Lebensfreude durch Aktivierung der Körperintelligenz
Maruscha Magyarosy

Paperback, 280 Seiten, 60 Grafiken, ISBN 978-3-936486-77-3

Nie zuvor war uns der Körper so wichtig wie heute. Wir trimmen ihn, stylen ihn, probieren Diäten aus. ... Doch hören wir auch auf seine Stimme? Wie der Körper seine eigene Weisheit und Intelligenz aktivieren und entfalten kann, zeigt uns das leicht anwendbare und äußerst effektive Körper-, Atemund Bewusstseinstraining der bekannten Autorin Maruscha Magyarosy. Der Körper wird als Manifestation der höchsten Schöpferkraft zum weisen Ratgeber für ein gesundes, glückliches, erfolgreiches und erleuchtetes Leben, wenn wir auf seine Stimme hören und seiner Weisheit und Intelligenz lauschen. Aus dem Inhalt: Hineinspüren in den Körper – die Energie wieder fließen lassen; den Atem als Puls des Lebens erfahren; durch Harmonisierung der Gehirnhälften die Vitalenergie steigern; die Kraft des Gedankens, die Macht des Wortes und die Magie der Vorstellung erleben; das verlorene Paradies im eigenen Herzen wiederfinden.

Die Aktivierung des Weltinnenraums

Was Sie in sich selbst bewegen, bewegen Sie in der Welt

Mike Kaiser

Paperback, 576 Seiten, ISBN 978-3-86616-229-7

Der versierte Umgang mit dem eigenen Bewusstsein - dem Weltinnenraum - zählt zu den Schlüsselkompetenzen des 21. Jhs. Indem der Mensch seinen Weltinnenraum mit seinen physischen, mentalen, emotionalen, energetischen und seelischen Dimensionen erkundet und gestaltet, verleiht er wesentlichen Bereichen seines Lebens eine völlig neue Qualität und verändert auch erfolgreich die äußere Welt. Dieses Buch beschreibt Aufbau und Funktionsweise des Weltinnenraumes und gibt dem Leser praxiserprobte Techniken an die Hand. Es verbindet das Wissen alter Weisheitstraditionen mit den neuesten Erkenntnissen der Quantenphysik sowie der Gehirn-, Bewusstseinsund Meditationsforschung. Dieses umfangreiche Werk ist ein wertvoller Ratgeber für alle Menschen, die wiederkehrende Probleme lösen und den Grundstein für ganzheitliche Gesundheit und Glück legen wollen.

Mit Yoga Nidra das Leben meistern

Das Energiepotenzial des Unbewussten erkennen und die Kreativität der Alpha-Ebene nutzen

Anna Röcker

2. Auflage

Hardcover, 192 Seiten, ISBN 978-3-86616-069-9

Leicht erlernbare „magische" Praktiken ermöglichen es auf verblüffend einfache Weise, die Fähigkeiten des Geistes optimal und zielgerichtet zu nutzen. Auf verschiedenen Stufen führt Yoga Nidra von einer ganzheitlichen, tiefen Entspannung bis hin zur Lösung von alten Mustern und Blockaden sowie Programmierungen aus der Kindheit. Davon frei zu werden eröffnet völlig neue Möglichkeiten, die innere Stimme zu hören und das eigene kreative Potenzial zu entwickeln und für die eigene Lebensgestaltung einzusetzen. Im besten Sinne führt Yoga Nidra nicht nur zur eigenen Weiterentwicklung und inneren Freiheit, sondern zur Mitgestaltung und Erhaltung der Schöpfung.Yoga Nidra ist für jeden Menschen geeignet, da es sich um ein in sich schlüssiges System handelt. Das uralte Yoga Nidra-Wissen wird damit zum Schlüssel für die „neue Zeit", von der die moderne Gehirnforschung spricht.

Stehe über deinem Denken!

5 wirksame Schritte zur Beherrschung deiner Gedanken

Matt Galan Abend

Hardcover, 144 Seiten, ISBN 978-3-86616-260-0

Mal ehrlich, wo sind Sie jetzt im Moment mit Ihren Gedanken? Wirklich hier und jetzt? Wach, bewusst und konzentriert? Oder geht es Ihnen wie den meisten von uns: Sie werden zum großen Teil von Ihren unbewussten Gedanken beherrscht und machen sich dies gar nicht bewusst. Dann haben Sie Glück, denn dieses neue Buch weist Schritt für Schritt den Weg zu einem wirklich bewussten Denken. Es zeigt auf, wie enorm wichtig es ist, seine Gedanken zu beherrschen, denn sie bestimmen und erschaffen unsere Wirklichkeit, unsere Identität, unser gesamtes Leben. Dieses Buch und sein leicht erlernbares Trainingsprogramm eröffnet die große Chance, sein Leben in neuer Bewusstheit zu erleben, und zeigt, wie unerschöpflich die Möglichkeiten sind, es neu zu gestalten.

Vom Segen der Dankbarkeit

Was dich wirklich glücklich macht

Angeles Arrien

Paperback, 240 Seiten, ISBN 978-3-86616-262-4

Dankbare Menschen, so haben Studien ergeben, sind zufriedener, mehr mit sich im Einklang, sie leben länger, spüren mehr Freude, Liebe und Glück. Aber wie wird man dankbar? Angeles Arrien weist einen völlig neuen Weg: Im Einklang mit der Natur, Monat für Monat, nimmt sie den Leser an die Hand und führt ihn – begleitet von Übungen, Meditationen und Praktiken aus den spirituellen Traditionen der Welt – in ein neues Erleben der Wirklichkeit. Ein echtes Arbeitsbuch, ein Buch, mit dem man lernt, Dankbarkeit in alle Bereiche des eigenen Lebens zu bringen – in Beruf und Finanzen, in Beziehungen, in Gesundheit, Ernährung und Spiritualität.

Resilienz – Was die Psyche stark macht!

Mit Stehaufmännchen-Methoden Blockaden lösen, das eigene Potenzial entfalten und Krisen meistern

Gerda M. Kolf

Paperback, 144 Seiten, 50 mehrfarbige Fotos, ISBN 978-3-86616-264-8

Es gibt Situationen und Phasen im Leben, in denen wir unseren Mut und unsere Kraft erst wieder finden müssen, um dem Leben neu und freudvoll zu begegnen. Die „Stehaufmännchen-Methode" zeigt, wie erstaunlich einfach es sein kann, innere Hindernisse zu überwinden und sein eigenes Potential zu befreien. Ob Ängste, Phobien, innere Blockaden, Schlafstörungen, körperliche Verspannungen – für fast jedes Problem gibt es die passende „Stehaufmännchen-Methode". Sie sind von der Autorin in der Praxis erprobt und nun erstmals in diesem Buch genau beschrieben. Wenn wir ausprobieren, werden wir staunen, was alles möglich ist, wenn wir der Vergangenheit die Macht über unser heutiges Leben nehmen und Lebensfreude und Leistungsvermögen wieder erfahren.

Heilpflanzen als Weg-Begleiter

Wirkweise der Farben und Jahreszeiten, Wissen der Völker, Heilende Anwendungen, Heilpflanzen im Spiegel der Mythen und Märchen

Hilla Hatzfeld

Hardcover, 352 Seiten, 94 farbige Fotos, ISBN 978-3-86616-245-7

Dieses Buch ist ein wichtiges Werkzeug, um ein tieferes Verständnis für die Heilkräfte der Pflanzen zu wecken. In der Betrachtung der Pflanzen und ihrer heilenden Wirkung kann der Mensch seine eigenen körperlichen und geistig-seelischen Zustände erkennen, die der Heilung bedürfen. Dabei helfen Pflanzenporträts, ein praktischer Übungsteil, Signaturenkunde, Achtsamkeitsübungen und Hinweise zur Wahrnehmung der tieferen Lebenskräfte der Pflanzen. Die Bedeutung der Farben und die Einbindung der Pflanzen in den Jahresrhythmus, die Beschreibung der möglichen Heilanwendung sowohl als Rezeptur als auch als Heilwirkung für Geist und Seele vertiefen die Aussagen des Buches. Vielfältige Anregungen für die vegetarische Küche machen Lust, Altbewährtes auszuprobieren und neue Kreationen zu entdecken. Alte Mythen und Märchen und das darin enthaltene Wissen der Völker um die heilenden Wirkungen der Pflanzen vertiefen die Verbundenheit mit allem Gewesenen und Kommenden.